कालजयी कवि और उनका काव्य

तुलसीदास

संपादक
माधव हाड़ा

राजपाल

स्थापित 1912
100 वर्षों की
श्रेष्ठ प्रकाशन परम्परा
राजपाल

₹ 185

ISBN : 9788195297504

पहला संस्करण : 2021, दूसरा संस्करण : 2023

KAALJAYI KAVI AUR UNKA KAVYA : TULSIDAS (Poetry)

Edited by Madhav Hada

मुद्रक : जी. एस. ऑफसेट, दिल्ली

राजपाल एण्ड सन्ज़

1590, मदरसा रोड, कश्मीरी गेट, दिल्ली-110006

फोन : 011-23869812, 23865483, 23867791

website : www.rajpalpublishing.com

e-mail : sales@rajpalpublishing.com

www.facebook.com/rajpalandsons

क्रम

भूमिका

लोक संग्रह और जीवन के विस्तार-वैविध्य के मामले में तुलसीदास की कविता हिन्दी में ही नहीं, समस्त भारतीय कविता में अलग और ख़ास है। वे परंपरा के साथ और समर्थन में रहे, लेकिन परंपरा के प्रतिरोध में रहने वालों से अधिक उन्होंने इसका संस्कार-परिष्कार किया। परंपरा के साथ होने के कारण जनसाधारण में उनकी स्वीकार्यता का अभूतपूर्व विस्तार हुआ और इसका उपयोग उन्होंने जनसाधारण के सामने जीवन के आदर्श रखने और इन्हें आचरण में लाने के लिए किया। उनके संबंध में जॉर्ज ग्रियर्सन की यह टिप्पणी सही है कि 'वे बुद्धदेव के बाद भारत के सबसे बड़े लोकनायक थे।' उन्होंने जिस तरह बिना किसी प्रतिरोध के अपने समय के विरोधों का सामंजस्य और समन्वय किया, वह उनकी सबसे बड़ी उपलब्धि और सफलता है। उनके समय में ईश्वर दुर्लभ और असाधारण की श्रेणी में था, लेकिन उन्होंने उसको जनसाधारण की अपनी भाषा और व्यवहार में उतारकर सबके लिए सुलभ की श्रेणी में ला खड़ा किया। शास्त्र और परंपरा को बिना गरियाये-लतियाये उनका यह कार्य बहुत आश्चर्यजनक है। तुलसी के व्यक्तित्व, कार्य और साहित्य को देखकर लगता है कि परिवर्तन और क्रांति बिना उखाड़-पछाड़ और तोड़-फोड़ के भी हो सकती है। उन्होंने बिना किसी को दोषी-अपराधी ठहराये, बिना किसी पर कोई आरोप-प्रत्यारोप लगाए आदर्शों की रचना कर जनसाधारण को उन पर चलने-ढलने के लिए तैयार कर दिया। भक्ति आंदोलन में तुलसी की मौजूदगी बहुत प्रमुख और ध्यानाकर्षक है। भक्ति आंदोलन के वर्गीकरण में एक तरफ़ सभी कृष्ण भक्त कवि और उनका साहित्य है, जबकि दूसरी तरफ़ उनके बरअक्स अकेले तुलसी हैं। कृष्ण भक्त कवियों में एक-दूसरे के समकक्ष एकाधिक लोग हैं, जबकि तुलसीदास के समकक्ष कोई नहीं है और उनकी तुलना भी किसी से नहीं है।

1

भक्ति आंदोलन के अन्य संत-भक्तों से अलग तुलसीदास के जीवन के संबंध में पर्याप्त अंतः और बाह्य साक्ष्य मौजूद हैं। उन्होंने *रामचरितमानस, कवितावली* और *विनय पत्रिका* सहित अपनी सभी रचनाओं में अपने जीवन के संबंध में प्रसंगानुसार टिप्पणियाँ की हैं। इसी तरह *भक्तमाल, दो सौ बावन वैष्णवन की वार्ता,* बेणीमाधवदास कृत *गोसाईं चरित, मूल गोसाईं चरित* और काशी, अयोध्या, सोरों और राजापुर में उपलब्ध पांडुलिपियों और अन्य सामग्री में तुलसी के जीवन के संबंध में पर्याप्त संकेत उपलब्ध हैं। इसमें से सर्वाधिक महत्त्वपूर्ण स्रोत *मूल गोसाईं-चरित* और बेणीमाधवदास कृत *गोसाईं चरित* हैं। दोनों रचनाओं की शैली और इनकी सामग्री में भी कमोबेश समानता है। विद्वानों में इन दोनों रचनाओं की प्रामाणिकता को लेकर विवाद है, लेकिन कुछ तिथियों आदि को छोड़कर, इनमें वर्णित तुलसीदास की जीवनयात्रा प्रायः सही ठहरती है। तुलसीदास पर आरंभिक कार्य उपनिवेशकाल में यूरोपीय विद्वानों—एच. एच. विल्सन, गार्सा द तासी, एफ.एस. ग्राउस, जॉर्ज ए. ग्रियर्सन, एल. पी. तेस्सीतोरी आदि ने किया। उनका यह कार्य बाद में भारतीय विद्वानों—शिवसिंह सेंगर, मिश्रबंधु, सुधाकर द्विवेदी, रामचन्द्र शुक्ल, श्यामसुंदर दास, माताप्रसाद गुप्त आदि के लिए मार्गदर्शक सिद्ध हुआ।

तुलसीदास का जन्म 1497 ई. से 1543 ई. के बीच राजापुर या सोरों या सोरों के सूकर क्षेत्र के पास किसी स्थान पर हुआ। उनके जन्म की किसी एक तिथि और स्थान को लेकर विद्वान् एक राय नहीं हैं। शिवसिंह सरोज के अनुसार तुलसी का जन्म 1526 ई. में, जबकि जॉर्ज ग्रियर्सन और घटरामायणकार के तुलसी साहब के अनुसार 1532 ई. में हुआ। घटरामायणकार के शब्दों में 'संवत 1589 भादौं सुदी मंगल एकादशी', *मूल गोसाईं चरित* में यह 1497 ई. है। *मूल गोसाईं चरित* तुलसी के जीवन के संबंध में सदियों से मान्य रचना है, इसलिए उसकी तिथि को तुलसी का जन्म समय मानना अधिक युक्तिसंगत है। तुलसी के जन्म स्थान को लेकर भी इसी तरह का मतभेद है। आरंभिक अध्येता जार्ज ग्रियर्सन हस्तिनापुर और गार्सा द तासी हाजीपुर को इनका जन्म स्थान मानते हैं। अधिकांश विद्वानों की राय में राजापुर और सोरों, दोनों से ही तुलसी का संबंध रहा है। लोगों की धारणा है कि सोरों में तुलसीदास का जन्म

हुआ, जबकि राजापुर उन्होंने बसाया। बाँदा के गज़ेटियर में भी यही उल्लेख है कि तुलसीदास ने सोरों से आकर राजापुर बसाया। अधिकांश जनसाधारण में भी यही मान्यता है।

तुलसीदास के पिता का नाम आत्माराम दुबे विख्यात है, लेकिन इस संबंध में कोई मान्य साक्ष्य नहीं है। अंत:साक्ष्य के अनुसार तुलसीदास की माँ का नाम हुलसी है। तुलसीदास की अपनी यह चौपाई इस तरह है—'रामहि प्रिय पावन तुलसी-सी। तुलसीदास हित हिय हुलसी-सी।' यह नाम जनश्रुति परंपरा से पुष्ट है और रहीम ने भी अपने एक दोहे में इसकी पुष्टि की है। यह दोहा इस प्रकार है—'सुरतिय नरतिय नागतिय, सब चाहत अस होय। / गोद लिए हुलसी फिरैं, तुलसी सो सुत होय।' तुलसीदास का अपना आरंभिक नाम रामबोला था। *विनय पत्रिका* में उल्लेख है कि ''राम को गुलाम नाम रामबोला राख्यो राम। काम यहै काम द्वै हौं कबहूँ कहत हौं।'' बाद में उनका नाम तुलसीदास हो गया। यह उल्लेख उनकी एकाधिक रचनाओं में मिलता है। *दोहावली* में एक स्थान पर उल्लेख है कि 'राम नाम को कल्पतरू कलि कल्यान निवास। जो सुमिरत भयो मांग ते तुलसी तुलसीदास।' तुलसीदास के गुरु कौन थे, यह सर्वथा निर्विवाद नहीं है। *तुलसी चरित* में रघुबरदास ने रामदास को इनका गुरु बताया है। कुछ लोग शेष सनातन को भी इनका गुरु मानते हैं। तुलसीदास के गुरु नरहरिदास या नरहर्यानंद थे। उनकी पंक्ति, 'बंदौ गुरु यह कंज कृपासिंधु नर रूप हरि' के आधार यह निष्कर्ष निकाला गया है। जॉर्ज ग्रियर्सन को जो दो सूचियाँ मिली हैं, उनमें तुलसीदास रामानंद की परंपरा में नरहरिदास के शिष्य ठहरते हैं। यह सूची इस प्रकार है ?—(1) रामानंद, (2) सुरसुरानंद, (3) माधवानंद, (4) गरीबदास, (5) लक्ष्मीदास, (6) गोपालदास, (7) नरहरिदास और (8) तुलसीदास। अलबत्ता माताप्रसाद गुप्त इसको ठीक नहीं मानते। उनके अनुसार जो भी हो, तुलसीदास के गुरु बहुज्ञ और बहुश्रुत थे। अपनी जाति को लेकर तुलसीदास आत्मसचेत नहीं लगते। उनके यहाँ 'मेरी जाति पाँति न चहौं काहू के काम की। / मेरे कोई काम को न हौं काहू के काम को' अन्यत्र एक-दो स्थानों पर तुलसी के ब्राह्मण होने के संकेत मिलते हैं। *कवितावली* में एक जगह स्पष्ट उल्लेख है, 'ब्राह्मण ज्यों उंगिल्यो उरगारि हो त्यौं ही तिहारे हिए न हितैहौं॥' एक जगह उन्होंने और लिखा है कि 'सुकुल कुल जन्म

सरीर सुंदर हेतु जो फल चारि के॥' इसी तरह एक जगह उन्होंने अपने मंगल कुल का होने का संकेत किया है। *भक्तमाल* में नंददास के भाई होने के प्रसंग में उनके सुकुल कुल से संबंधित होने का उल्लेख है। यह पंक्ति इस तरह है—'सकल सुकुल संबलित भक्त पद रेनु उपासी।' तुलसी के निधन के समय को लेकर विद्वान् कमोबेश एक राय हैं। अपनी मृत्यु को लेकर तुलसी को पूर्वाभास हो गया था। एक प्रसिद्ध छंद है—'रामनाम जस बरनि कै भयउ चहत अब मौन। / तुलसी के मुख दीजिए अबहीं तुलसी सोन॥' *मूल गोसाईं चरित* के अनुसार उनका निधन 1623 ई. में हुआ। *मूल गोसाईं चरित* में यह उल्लेख इस प्रकार है—'संवत सोलह सो असी असी गंग के तीर / सावन स्यामा तीज सनि तुलसी तजे शरीर।'

अंतः और बाह्य साक्ष्यों के आधार पर तुलसीदास की जीवन यात्रा का कुछ अनुमान किया जा सकता है। उनके अपने उल्लेख के अनुसार जन्मोपरांत ही उनके माता-पिता का निधन हो गया। अभुक्तमूल नक्षत्र में जन्म लेने के कारण पिता ने इनको त्याग दिया। *कवितावली* में उल्लेख है कि 'मातु-पिता जग जाइ तज्यौ विधिहू न लिखी कछु भाल भलाई' इसी तरह *विनय पत्रिका* में भी एक जगह वे लिखते हैं कि 'तनु जन्यो कुटिल कीट ज्यौं तज्यौ मातु-पिता हूँ।' घर से निकल जाने के बाद तुलसीदास को निराश्रय इधर-उधर भटकना पड़ा और भीख भी माँगनी पड़ी। यह उल्लेख *विनय पत्रिका* और *कवितावली* में भी आया है। *विनय पत्रिका* में उन्होंने लिखा कि 'द्वार द्वार दीनता कहि काढ़ि रद परि पाहू' इसी तरह *कवितावली* में उन्होंने स्पष्ट उल्लेख किया कि 'जाति कुजाति के पेटागि बस, / खाये टूक सबके विदित बात दुनी सो' यह भी लगता है, उनकी किशोरावस्था का कुछ समय हनुमान मंदिर पर भी व्यतीत हुआ। इस संबंध में *हनुमान बाहुक* में एक उल्लेख मिलता है, जो इस तरह है—'खायो खोंची माँग तेरो नाम लियो रे' अर्थात् हनुमान का नाम जपता हुआ मंदिर के चढ़ावे से अपना जीवन यापन करता था। युवावस्था संबंधी कोई अंतःसाक्ष्य तुलसीदास के साहित्य में नहीं मिलता, लेकिन बाह्य साक्ष्यों से लगता है कि इसके बाद नरहरिदास ने उनका संस्कार किया और वे उन्हें शिक्षा के लिए शेष सनातन के पास काशी ले गए। शेष सनातन के सान्निध्य और संरक्षण में उन्होंने इतिहास, पुराण, काव्य आदि का ज्ञान अर्जित किया। ऐसी धारणा

है कि शेष सनातन के निधन के बाद तुलसीदास राजापुर आ गए और यहाँ रामकथा कहकर जीवन यापन करने लगे। यहीं वि. सं. 1583 (1526 ई.) में उनका विवाह तारपिता गाँव के ब्राह्मण दीनबंधु पाठक की पुत्री रत्नावली से हो गया और वे सुखी दांपत्य जीवन व्यतीत करने लगे। तुलसी ने गृहस्थ जीवन व्यतीत किया था, यह *दोहावली* में पत्नी को संबोधित उनके एक दोहे से सिद्ध है, जो इस तरह से है—'खरिया खरी कपूर सब उचित न पिय त्याग। / कै खरिया मोहिं मेलि कै बिमल बिबेक बिराग॥' ऐसी जनश्रुति है कि एक बार पत्नी रत्नावली अपने पीहर गयी। पत्नी से अपार प्रेम करने वाले तुलसीदास को यह बिछोह कष्टकारी लगा और वे उसके पीछे ससुराल चले गए। यह बात उनकी स्वाभिमानी पत्नी को अखर गई और उसने उन्हें ऐसा प्रेम भगवान राम से करने की नसीहत दे डाली। पत्नी का यह कथन तुलसीदास के जीवन में परिवर्तनकारी सिद्ध हुआ। तुलसीदास ने घर छोड़कर वैराग्य ग्रहण कर लिया और पंद्रह वर्ष तक तीर्थाटन करते रहे और अंत में चित्रकूट में निवास करने लगे। ऐसा प्रसिद्ध है कि यहीं उनकी भेंट सूरदास से हुई और यहीं उन्हें हितहरिवंश और मीरा के पत्र मिले। चित्रकूट में ही उन्होंने *गीतावली* और *कृष्ण गीतावली* की रचना भी की। चित्रकूट से तीर्थाटन करते हुए तुलसीदास काशी आ गए। यहाँ रहते हुए उन्हें राम कथा को भाषा में लिखने का विचार आया और वे इसके लिए अयोध्या आ गए। यहाँ रहते हुए उन्होंने वि. सं. 1631 (1574 ई.) में *रामचरितमानस* की रचना की और यहीं उन्होंने वि. सं. 1643 (1586 ई.) में *पार्वती मंगल* लिखा। *मानस* के कुछ कांड उन्होंने काशी में भी लिखे। *मूल गोसाईं चरित* के अनुसार *रामचरितमानस* की बढ़ती लोकप्रियता से काशी के ब्राह्मणों से उनका द्वेष बढ़ गया। उन्हें प्रताड़ित भी किया गया। माताप्रसाद गुप्त के अनुसार *मानस* की रचना के अनंतर उनकी सम्मान वृद्धि होने लगी, और धीरे-धीरे उन्हें वाल्मीकि का अवतार माना जाने लगा। किंतु इसके साथ ही ईर्ष्या-द्वेष के कारण उनका विरोध आरंभ हुआ। उनकी जाति-पाँति और उनकी साधुता के विषय में नाना प्रकार के आक्षेप किए जाने लगे, और उन्हें शारीरिक बाधाएँ भी पहुँचाई जाने लगीं। किंतु तुलसीदास अविचलित रहे। जीवन का अंतिम समय उन्होंने काशी में व्यतीत किया और यहीं उन्होंने *विनय पत्रिका* लिखी। *विनय पत्रिका* में जिस तरह की मुखर आत्मस्वीकृति

और पश्चाताप बार-बार आता है, उसे देखकर लगता है कि तुलसीदास ने सांसारिक अर्थ में सुखी और भरा-पूरा जीवन जिया। अंत:साक्ष्यों के अनुसार, वृद्धावस्था में उन्हें भीषण बाहु पीड़ा हुई, जिसके निवारणार्थ उन्होंने *हनुमान बाहुक* लिखा। पीड़ा के संबंध में उन्होंने लिखा कि—'पाँव पीर पेट पीर, बाहु पीर, मुँह पीर। /जरजर सकल सरीर पीर भई है॥' तुलसीदास के मित्र और शिष्य भी कई थे—टोडरमल, ज्योतिषी गंगाराम, कवि अब्दुर्रहीम खानखाना, मधुसूदन सरस्वती, रामू द्विवेदी आदि उनके मित्र-शिष्य थे। तुलसीदास की जीवन यात्रा घटना संकुल है। राम और उनका चरित उनके मन में ऐसे बसे कि उन्होंने उनके यश का बखान करने में अपना संपूर्ण जीवन समर्पित कर दिया।

2

तुलसीकृत रचनाओं की प्रामाणिकता के संबंध में विवाद रहा है। विवाद की शुरुआत संभवतया मिश्र बंधुओं द्वारा उनकी 31 रचनाओं के उल्लेख से हुई। मिश्र बंधुओं ने उनके *रामलला नहछू, पार्वती मंगल* और *बरवै रामायण* को अप्रामाणिक माना है। पंडित रामगुलाम द्विवेदी, काशी नागरी प्रचारिणी सभा और माताप्रसाद गुप्त ने तुलसी की बारह रचनाओं को प्रामाणिक माना है। माताप्रसाद गुप्त के अनुसार कालक्रम से ये रचनाएँ इस प्रकार हैं—(1) रामलला नेहछू, (2) वैराग्य संदीपनी, (3) रामाज्ञा प्रश्न (रामशलाका), (4) जानकी मंगल, (5) रामचरितमानस, (6) पार्वती मंगल, (7) गीतावली, (8) कृष्णगीतावली, (9) विनय पत्रिका, (10) बरवै रामायण, (11) दोहावली और (12) कवितावली। *रामलला नेहछू* तुलसीदास की प्रथम रचना मानी जाती है, जिसकी रचना वि. सं. 1616 (1559 ई.) के आस-पास हुई। लोक में प्रचलित सोहरगीत अश्लील होते थे, लेकिन यह एक शालीन और मर्यादित सोहरगीत है। *वैराग्य संदपिनी* तुलसी की सत्संग के महत्त्व पर आधारित रचना है। इसमें संत स्वभाव, महिमा और राम से मिलने वाली शांति का वर्णन है। इस रचना के एकाधिक पाठ मिलते हैं, इसलिए इसके मूल पाठ को लेकर विद्वान् असमंजस में हैं। *रामाज्ञा प्रश्न* या *रामशलाका* शकुन विचार से संबंधित रचना है, जिसमें साथ-साथ संपूर्ण रामकथा भी दी गई है। इसमें वर्णित रामकथा *मानस* की कथा से कुछ हद तक अलग है। इसका कथाक्रम *वाल्मीकि रामायण*

से मिलता है। *जानकीमंगल* विवाह के उपलक्ष्य में लिखी जाने वाली मंगल काव्य परंपरा की रचना है। इसमें सीता के विवाह का विस्तारपूर्वक वर्णन है। यह अपरिपक्व रचना है और ज़ाहिर है, यह *मानस* से पूर्व की रचना है। तुलसी की कीर्ति की शिखर रचना *रामचरितमानस* है, जो विद्वानों की धारणा के अनुसार 5001 चौपाइयों में लिखी गई। *मानस* वक्ता-श्रोता परंपरा में लिखा गया ग्रंथ है। इसमें वक्ता शिव, कागभुशुंडी, याज्ञवलक्य, अगस्त्य और भुशुंडी हैं, जबकि इनके श्रोता क्रमशः पार्वती, गरुड़, भारद्वाज और शिव हैं। *रामचरितमानस* पर कई रचनाओं *वाल्मीकि रामायण, अध्यात्म रामायण, हनुमन्नाटक, योग वशिष्ठ* और *भुशुंडी रामायण* का प्रभाव है। इसमें रामकथा के अलावा अवतार, पूरक और सहकथाएँ सम्मिलित की गई हैं। तुलसी की कथा योजना अपनी और मौलिक है। *मानस* की रचना तुलसीदास के अनुसार चैत्रमास, शुक्ल पक्ष, नवमी, मंगलवार वि. सं. 1631 (1574 ई.) को हुई। *पार्वती मंगल* भी मंगलकाव्य परंपरा की रचना है। कवि के अनुसार इसकी रचना 1586 ई. में हुई। इसकी कथा योजना *मानस* की प्रस्तावना में वर्णित शिव-पार्वती प्रसंग के अनुसार है। जॉर्ज ग्रियर्सन *मानस* के प्रशंसक थे। उन्होंने इसके संबंध में लिखा कि 'पिछले 300 वर्षों से हिन्दू समाज के जीवन, आचरण और कथन में यह घुल-मिल गया है और अपने काव्य सौंदर्य में यह न केवल उनका प्रिय एवं प्रशंसित ग्रंथ है, बल्कि उनके द्वारा पूजित भी है और उनका धर्मग्रंथ भी हो गया है।' *गीतावली* में राम कथा विषयक पद संकलित हैं। यह गीतिकाव्य रचना है, जो सूर आदि कृष्ण भक्त कवियों की तरह लिखी गईं। इसमें क्षीण-सा कथा सूत्र है और यह भी *मानस* की तरह कांडों में विभक्त है। *कृष्ण गीतावली* 61 पदों की एक लघुकाय रचना है, जिसमें गीतिकाव्य शैली में कृष्णकथा कही गई है। यह एक सुगठित रचना है, जो अनावश्यक विस्तार से पूरी तरह मुक्त है। *विनय पत्रिका* विशिष्ट प्रयोजन सिद्धि के लिए सीता और उनके बहाने से भगवान राम के समक्ष प्रस्तुत की गई याचिका है। यह गीतिकाव्य है, जिसमें 279 पद संकलित हैं। यहाँ तुलसी का दैन्य और विनय अपने चरम पर है। इसमें आत्मनिरीक्षण और आत्मदशा का अंकन भी है। तुलसी का अपना आत्मसंघर्ष इस रचना में बहुत मुखर है। श्यामसुंदर दास के अनुसार, इसकी रचना वि. सं. 1636-1639 (1579-1582 ई.) के बीच

कभी हुई। *बरवै रामायण* तुलसी की *रामचरितमानस* के बाद की रचना है। कहते हैं कि बरवै छंद के वैभव से प्रभावित होकर तुलसी ने *बरवै रामायण* लिखी। विद्वानों के अनुसार यह प्रौढ़ रचना है और कांडों में विभक्त है। इसका उत्तरकांड सबसे अधिक प्रभावशाली है। तुलसी कृत *दोहावली* को सतसई भी कहा जाता है। यह मुक्तक रचना है, जिसमें तुलसी ने नीति, उपदेश, धर्म, आचार-विचार आदि विषयों पर मुक्त भाव से लिखा है। *मानस* के प्रभावी दोहों को भी यहाँ संकलित कर दिया गया। तुलसी इसमें आजीवन दोहे जोड़ते रहे। *कवितावली* भी *दोहावली* की तरह तुलसी की जीवनपर्यंत लिखी जाने वाली कृति है। कवित्त और सवैया छंद में उन्होंने रामकथा के मार्मिक प्रसंग इसमें लिखे हैं। जीवन के अंतिम कष्टकारी समय की रचना *हनुमान बाहुक* भी इसका अंग है। *कवितावली* का 'उत्तरकांड' बहुत महत्त्वपूर्ण है—इसमें उन्होंने दो टूक शब्दों में अपने युग के यथार्थ का वर्णन किया है। रचनात्मक कौशल के लिहाज़ से भी यह रचना बहुत उच्च कोटि की है।

3

तुलसी और उनकी कविता पर उनके समय और समाज का गहरा प्रभाव है। तुलसी भक्त होते हुए भी अपने समय और समाज की ओर पीठ करके खड़े हुए व्यक्ति नहीं थे। उनकी कविता में उनका समय और समाज परोक्ष और प्रत्यक्ष, दोनों तरह से है। *कवितावली* और *विनय पत्रिका* में वे अपने समय और समाज के साथ सीधे रू-ब-रू हैं। उनके समय में सल्तनत की लंबी पराधीनता के बाद जनसाधारण मुगलों के नए निज़ाम में रहने-जीने की आदत डाल रहा था। बाबर 1526 ई. में इब्राहिम लोदी को परास्त करने के बाद 1527 ई. में राणा सांगा को भी हराकर यहाँ मुगल साम्राज्य की नींव रख चुका था और 1530 ई. तक शासन भी कर चुका था। उसके बाद हुमायूँ और फिर 1556 से 1605 ई. तक अकबर सत्तारूढ़ रहा। हुमायूँ और उसके बाद ख़ास तौर पर अकबर के समय कुछ हद तक राजनीतिक स्थिरता आ गई थी। सल्तनतकालीन शासकों की तुलना में अकबर सहिष्णु भी था और धार्मिक मामलों में उसकी नीति कमोबेश अहस्तक्षेप की थी। तुलसी ने पठानों और मुगलों का संघर्ष देखा था और इस कारण रही क्षेत्रीय अस्थिरता और असुरक्षा

का भी उनको अनुभव था। उनकी कविता में रामराज्य के विचार इस अनुभव की प्रतिक्रिया के कारण है। तुलसी के समय जनसाधारण की सामाजिक स्थिति बहुत ख़राब थी। वर्णाश्रम के आदर्श की स्मृति थी, लेकिन यथार्थ में ये दोनों ही अपना रूप खो चुके थे। वर्ण व्यवस्था अमानवीय जातीय सोपान क्रम में ढल गई थी। वर्ण और जातीय गतिशीलता थी, लेकिन आग्रह इनको बनाए रखना था। मुसलमानों की मौजूदगी से पारंपरिक सामाजिक ताना-बाना हिल गया था। शासकों और उनकी तांत्रिक व्यवस्थाएँ जनसाधारण को लेकर उदासीन थीं। जनसाधारण का जीवन मुश्किल था—उसे जीवन की आधारभूत सुविधाएँ भी मुहैया नहीं थीं। बार-बार पड़ने वाले अकालों और युद्ध अभियानों से जनसाधारण त्रस्त था। अकबर के शासनकाल 1556 ई. और 1573-74 ई. में पड़े अकालों से जनसाधारण की हालत बहुत ख़राब थी। महामारियों का प्रकोप भी जनसाधारण पर अलग से था। शासक और अन्य अमीर-उमरा आराम और विलास का जीवन व्यतीत करते थे।

तुलसी के समय भक्ति आंदोलन अपने चरम पर था। उत्तर और दक्षिण में कई धार्मिक विचार और संप्रदाय फैले हुए थे। दक्षिण में आलवार और नायनार संत-भक्तों ने भक्ति को प्रपत्ति से जोड़कर जनसाधारण के लिए सुलभ कर दिया। आंशिक प्रतिरोध के बाद भक्ति के लिए वर्ण और जाति की बाधाएँ भी ख़त्म हो गई थीं। रामानुजाचार्य, विष्णु स्वामी, मध्वाचार्य, वल्लभाचार्य आदि विचारकों ने भक्ति को एक दार्शनिक आधार भी दे दिया था। रामानंद आदि के माध्यम से दक्षिण का भक्ति आंदोलन उत्तर भारत में भी लोकप्रिय हो रहा था, लेकिन यहाँ स्थिति अलग थी। यहाँ दक्षिण से अलग जनसाधारण में अभी भी बौद्धमत की जड़ें थीं और उससे भी अधिक यहाँ इस्लाम मौजूद था और ख़ास बात यह कि यह शासकों का धर्म था। भक्ति आंदोलन ने यहाँ प्रपत्ति के साथ बौद्धमत और इस्लाम के प्रभाव में अलग रूप भी धारण किया। बौद्ध मत की परंपरा यहाँ सिद्धों और नाथों से होती हुई संत मत तक आई। संत मत ने समाज में जीवन विरत साधु-संन्यासियों को खूब प्रश्रय दिया। भक्ति आंदोलन ने न्याय और समता आधारित जीवन और व्यवस्था के लिए माहौल बनाया, लेकिन इससे शैव, शाक्त, वैष्णव जैसी संकीर्णताएँ और मत-मतांतर भी बढ़े। एक और परिवर्तन हुआ—'नीच समझी जाने वाली जातियों में कई

पहुँचे हुए महात्मा हो गए थे, उनमें आत्मविश्वास का संचार हो गया था, पर जैसा कि साधारणतः हुआ करता है, शिक्षा और संस्कृति के अभाव में यही आत्मविश्वास दुर्वह गर्व का रूप धारण कर गया था।'

तुलसी के समय साहित्य में कई शैलियाँ और कथा-कवि परंपराएँ विद्यमान थीं और उन्होंने इन सभी को अपनाया। वीरगाथा काव्य की परंपरा बहुत पहले से थी और तुलसी ने इसमें प्रयुक्त कवित्त, छप्पय, तोमर आदि छंदों को *कवितावली* और *रामचरितमानस* के 'लंकाकांड' में अपनाया। सिद्धों-नाथों की साखी शैली के दोहों का प्रयोग उन्होंने *वैराग्य संदीपनी, रामाज्ञाप्रश्न* और *दोहावली* में किया। गीतिकाव्य की पदशैली की परंपरा संतों और कृष्ण भक्त कवियों के यहाँ थी। तुलसी ने इसका प्रयोग *गीतावली, कृष्णगीतावली* और *कवितावली* में किया। तुलसी अपने समय के जनसाधारण में प्रचलित लोकगीतों से प्रभावित हुए। उन्होंने *जानकी मंगल, पार्वती मंगल, रामललार नहछू* आदि में सोहर आदि लोकगीतों का प्रयोग किया। तुलसी के समय दोहा-चौपाई वाली कड़वक शैली का प्रचलन ख़ूब था। यह परंपरा प्राकृत-अपभ्रंश से चली आती थी। इसका उपयोग प्रेमाख्यानक सूफ़ी कवियों ने भी किया। तुलसी ने *रामचरितमानस* में प्राकृत-अपभ्रंश की यही कड़वक शैली अपनायी। यह धारणा निराधार है कि इसके लिए वे जायसी और दूसरे प्रेमाख्यानक कवियों के ऋणी हैं।

4

तुलसीदास ने परंपरा के दायरे के भीतर रहकर अपने समय और समाज की ज़रूरतों के अनुसार अपने लिए एक भक्ति पद्धति और दर्शन का विकास किया। उनके भक्ति दर्शन में भक्ति और दर्शन के सभी संप्रदायों की स्मृति और संस्कार थे। यह मुख्यतया वह समय था जब शंकर के अद्वैत और मायावाद के विरोध में कई सिद्धांत और मत-मतांतर अस्तित्व में आ गए थे। कुछ आचार्य ज्ञान और भक्ति, शैव और वैष्णव मतों में समन्वय के लिए भी प्रयत्नशील थे। तुलसी ने इन सभी मत-मतांतरों में जो ग्राह्य था, उसको लिया और उसके आधार पर अपनी राय कायम की। उनकी भक्ति की परिणति अंततः मानवतावाद में होती है। तुलसी के राम निर्गुण-निराकार, सगुण-निराकार और

सगुण-साकार, तीनों हैं। ज्ञानवादी दार्शनिकों ने ईश्वर को निर्गुण, निराकार, अगोचर और गुणातीत माना, जो भक्तों का आलंबन नहीं हो सकता था। निर्गुण संप्रदाय के कबीर आदि संतों के राम इसलिए निराकार होते हुए भी दया आदि गुणों से युक्त हैं। सगुण भक्तों के राम अवतारी हैं—वह भक्तों के उद्धार के लिए अवतीर्ण होते हैं और लीला करते हैं। तुलसी ने इन तीनों का सामंजस्य किया—उनके राम सगुण हैं, लेकिन वे एक साथ साकार और निराकार, दोनों हैं। उनके लिए सगुण और निर्गुण में तत्त्वतः कोई भेद नहीं है। उन्होंने कहा कि 'सगुनहिं अगुनहिं नहिं कछु भेदा। गावहि मुनि पुरान बुध वेदा। / अगुन अरूप अलख भज जोई। भगत प्रेम बस सगुन सो होई।' तुलसी जीवन विरत या विमुक्त भक्त नहीं हैं। संसार के नश्वर होने का विलाप उनके यहाँ अन्य संत-भक्तों की तरह नहीं के बराबर है। उनके अनुसार माया राम की शक्ति है। वह राम के साथ ही अवतार लेती है। उन्होंने *मानस* में शिव के मुख से कहलवाया कि 'आदि सक्ति जेहिं जग उपजाया। सोउ अवतरिहिं मोरि यह माया।' तुलसी ने वैष्णव वेदांतियों की तरह माया के दो भेद, विद्या और अविद्या किए। तुलसी जब माया की निंदा करते हैं, तो यह अविद्या माया है। तुलसी के लिए यह संसार असत्य और मिथ्या नहीं है। उनके अनुसार राम जगत के निमित्त और कारण हैं। उन्होंने *मानस* में कहा है कि 'जेहि सृष्टि उपाई त्रिविध बनाई संग सहाय न दूजा।' जीव को तुलसी ईश्वर राम का अंश मानते हैं और वह 'सत्य, चेतन और आनंदमय' है। वह अविद्या माया के अधीन अपने को भूलकर संसार में कष्ट पाता है। उन्होंने कहा है कि 'ईसवर अंस जीव अबिनासी। चेतन अमल सहज सुखरासी॥ / सो माया बस भएउ गोसाईं। बंध्यों कीट मर्कट की नाई॥' उनका जीव संबंधी नज़रिया वेदांतियों के प्रतिबिंबवाद से अलग है। वे यह नहीं मानते कि प्रकृति पर ब्रह्म का जो प्रतिबिंब पड़ता है वही जीव है। जीव उनके अनुसार ईश्वर का अंश और नित्य है। तुलसी भक्त हैं और भक्ति ही उनके लिए मोक्ष का साधन है, लेकिन उन्होंने वैष्णव होने के कारण धर्म, वैराग्य, योग आदि को मोक्ष में सहायक माना है और *मानस* में वे गाहे-बगाहे यह उल्लेख भी करते चलते हैं। उनके लिए वर्णाश्रम धर्म और मानव धर्म, दोनों एक-दूसरे के पर्याय हैं। उनके अनुसार धर्म के आचरण से साधक का चित्त निर्मल हो जाता है, चित्त शुद्धि से सांसारिक बिषयों के

प्रति वैराग्य उत्पन्न होता है और इससे अष्टांग योग की उपलब्धि होती है। भक्ति में उन्होंने निश्छल प्रेम और समर्पण को महत्त्व दिया और उनके अनुसार यह अधिकारी की योग्यता पर निर्भर करती है। इस कारण राम-लक्ष्मण के लिए उन्होंने *भागवत पुराण* की आचारपरक विधिविधान वाली नवधा भक्ति, जबकि शबरी के लिए सत्संग आदि लोक सामान्य सुलभ भक्ति का विधान किया। तुलसी व्यर्थ विरोध और खंडन आदि में नहीं पड़ते, लेकिन सनातन धर्म और अवतारवाद का विरोध करने वालों के प्रति उनके मन में नाराज़गी और रोष का भाव ज़रूर है। यह उन्होंने जब-तब व्यक्त भी किया। *दोहावली* में एक जगह वे लिखते हैं कि 'साखी, सबदी, दोहरा, कहि, कहिनी उपखान। भगति निरूपहि भगत कलि निंदहिं वेद पुरान।' रामचन्द्र शुक्ल ने भी उनकी इस पीड़ा को पहचाना। उन्होंने लिखा कि 'लोक मर्यादा का उल्लंघन, समाज व्यवस्था का तिरस्कार, अनधिकार चर्चा भक्ति और साधना का मिथ्या दंभ, मूर्खता छिपाने के लिए वेद शास्त्र की निंदा, ये सब बातें ऐसी थीं, जिनसे गोस्वामीजी की अंतरात्मा बहुत व्यथित हुई।'

5

तुलसीदास का महत्त्व, सफलता और लोकप्रियता उनके लोक संग्रह और समन्वय की चेतना का कारण है। रामचन्द्र शुक्ल तुलसी के लोक संग्रह पर मुग्ध हैं। उन्होंने तुलसी को 'लोक व्यवस्थापक' कहा है। सुधारकों के संबंध में शुक्लजी की राय अच्छी नहीं है। उनके अनुसार, 'मत प्रवर्तकों या सुधारकों के कारण लोक में शांति स्थापित होने के स्थान पर अब तक अशांति ही होती आई है।' रामचन्द्र शुक्ल समाजशास्त्री गिडिंग के हवाले से जनसाधारण के चार वर्ग—लोकसंग्रही, लोक बाह्य, अलोकोपयोगी और लोकविरोधी करते हैं। लोक बाह्य उनके अनुसार वे हैं, जो लोक के हिताहित से उदासीन रहते हैं, जबकि अलोकोपयोगी समाज से संबद्ध तो दिखाते हैं, लेकिन आलसी और निकम्मे होते हैं। लोकविरोधियों को लोक से द्वेष होता है और वे उसकी व्यवस्था और अनुशासन से ख़फ़ा रहते हैं। लोक संग्रही वे हैं, 'जो समाज की व्यवस्था और मर्यादा की रक्षा में तत्पर रहते हैं और भिन्न-भिन्न वर्गों के संबंध को सुखवाह और कल्याणप्रद करने की चेष्टा करते रहते हैं।' उनके

अनुसार तुलसी लोक संग्रही थे—समाज की मर्यादा, व्यवस्था और अनुशासन की उनको चिंता थी। अपनी इसी चिंता के निवारणार्थ उन्होंने राम का चरित्र गढ़ा। उन्होंने मर्यादा पुरुषोत्तम राम सहित भाई, माता, पिता, मित्र, सेवक, पत्नी आदि के आदर्श चरित्र जनसाधारण के सामने रखे, जिससे समाज की व्यवस्था, मर्यादा और अनुशासन बना रहे। भगवान राम के रूप में उन्होंने ईश्वर का ऐसा रूप गढ़ा, जो लोक की रक्षार्थ लीला में प्रवृत्त होता है। तुलसी के समय जनसाधारण में साधुओं की तीन कोटियाँ थीं—एक वे जो प्रेममग्न और संसार विरत थे, दूसरे वे जो अनधिकार ज्ञान के दंभ से समाज के आदर्शों की अवमानना और अपमान कर रहे थे और तीसरे वे जो हठ योग और रसायन आदि के चमत्कारों से जनसाधारण को भ्रमित कर रहे थे। इन तीनों वर्गों के साधुओं से समाज के लोकधर्म में प्रवृत्ति की कोई आशा नहीं थी। लोक धर्म की प्रतिष्ठा का काम तुलसीदास ने किया। उन्होंने इन तीनों से अलग राह पकड़ी। उन्होंने जनसाधारण के बीच रहकर सनातन धर्म के आदर्शों को *रामचरितमानस* के रूप में पुनर्जीवन दिया। उन्होंने आदर्शों और मूल्यों का सृजन कर केवल अपने समय और समाज का ही मार्ग प्रशस्त नहीं किया, उन्होंने भावी समाज की बुनियाद भी रखी। हजारीप्रसाद द्विवेदी के शब्दों में कहें तो 'आज साढ़े तीन सौ वर्ष बाद भी इस विषय में कोई संदेह नहीं रह गया है कि उन्होंने सचमुच ही भावी समाज की सृष्टि की थी। आज का उत्तर भारत तुलसीदास के आदर्शों पर गठित हुआ है। वही उसका मेरुदंड है।'

तुलसीदास में समन्वय की असाधारण प्रतिभा और बुद्धि थी। हजारीप्रसाद द्विवेदी ने उनकी सफलता के रहस्य का खुलासा करते हुए लिखा कि 'वे समन्वय की विशाल बुद्धि लेकर पैदा हुए थे।' तुलसी भारतीय समाज के वैविध्य और एक-दूसरे से अलग और कई विरोधी मत-मतांतरों के संबंध में अच्छी तरह जानते थे। उनका अपना वैयक्तिक जीवन भी इस सामाजिक वैविध्य और विरोध के बीच व्यतीत हुआ। वे ऐसे व्यक्ति थे, जो लोक और शास्त्र, दोनों के ज्ञाता थे और यह असाधारण संयोग था। उनकी रचनाओं में यह साफ़-साफ़ दिखता भी है। *रामचरितमानस* ऐसी रचना है, जिसमें धुर विरोधी तत्त्वों को एक-दूसरे में साफ़-साफ़ घुलते-मिलते देखा जा सकता है। वैराग्य और गार्हस्थ्य, भक्ति और ज्ञान, भाषा और संस्कृति, निर्गुण और सगुण, पुराण

और काव्य, ब्राह्मण और चांडाल, पंडित और अपंडित, राग और विराग आदि बिना किसी अंतर्विरोध के एक-दूसरे के साथ हैं।

तुलसीदास के समय सांप्रदायिक मत-मतांतर अपने चरम पर थे और कहीं-कहीं उनमें पारस्परिक संघर्ष और प्रतिद्वंद्विता का भाव भी था। तुलसीदास की रचनाओं में जगह-जगह इस विरोध का परिहार और शमन है। शैवों और वैष्णवों की प्रतिद्वंद्विता और विरोध का परिहार *रामचरितमानस* में एकाधिक स्थानों पर है। उन्होंने *ब्रह्मवैवर्तपुराण,* जिसमें शिव हरि मंत्र के जापक कह गए हैं, के हवाले से राम के मुँह से कहलवाया कि 'शिवद्रोही मम दास कहावे। सो नर सपनेहु मोहिं न भावै।' आशय यह है कि शंकर प्रिय, मम द्रोही, शिवद्रोही, ममदास मुझे पसंद नहीं है। उन्होंने हिन्दू समाज में एकाधिक देवों की उपासना के कारण होने वाले विभेद का भी निराकरण किया। तुलसीदास रामभक्त हैं, लेकिन लोकाचार के अनुसार उन्होंने *मानस* की शुरुआत में गणेश वंदना की है। तुलसी की यह समन्वय चेतना सामाजिक विभेदों, मत-मतांतरों के पारस्परिक विरोधों आदि के शमन में निर्णायक सिद्ध हुई। उनकी इस प्रतिभा और बुद्धि ने उन्हें समाज के सभी वर्गों और स्तरों में मान्य और स्वीकार्य बनाया।

6

भक्ति आंदोलन के अन्य संत-भक्तों से अलग तुलसी शास्त्र सिद्ध कवि भी थे। उनकी कविता इसीलिए केवल भावावेग नहीं है, यह कविता भी है। श्यामसुंदरदास ने सही कहा है कि उनमें 'काव्य कवित्व और शास्त्र कवित्व का अद्‌भुत समन्वय था।' तुलसीदास ने अपने समय के सभी प्रचलित काव्यरूपों और शैलियों का प्रयोग किया। उन्होंने इनका प्रयोग ही नहीं किया, इनको अपनी काव्य प्रतिभा से पुनर्नवा भी किया। उन्होंने अपने समय में प्रचलित सभी छंदों—चौपाई, दोहा, कुंडलियाँ, कवित्त, बरवै आदि का कुशलतापूर्वक प्रयोग किया। लोकगीतों के विभिन्न रूप—सोहर, नहछू, चांचर, बेली, बसंत आदि भी उनकी कविता में आ गए हैं। तुलसी को अलंकार योजना में महारत हासिल है और यह उनकी काव्यशास्त्रीय शिक्षा और अभ्यास के कारण है। तुलसी उपमा, रूपक आदि अलंकारों का प्रयोग करते हैं, लेकिन उनका प्रिय अलंकार उत्प्रेक्षा है। उनकी कविता में ऐसा स्थल मुश्किल से ही मिलेगा, जहाँ उत्प्रेक्षा का प्रयोग नहीं हुआ हो। तुलसी का मन मनुष्य की अंत:प्रकृति में रमता है और वे उसी का चित्रण भी

करते हैं और इसके लिए प्राकृतिक उपादानों का सहारा लेते हैं। सादृश्य विधान में तुलसी के यहाँ नवाचार है, लेकिन वे कवि रूढ़ियों की उपेक्षा या अनदेखी नहीं करते। हजारीप्रसाद द्विवेदी ने लक्ष्य किया है कि 'कंज' का रूढ़ उपमान उनकी कविता में सर्वाधिक प्रयुक्त हुआ है। तुलसीदास का भाषा पर असाधारण अधिकार है। यह उनकी कविता में अवसर और चरित्र के अनुकूल ढल जाती है। अवधी-ब्रज में संस्कृत का प्रयोग उन्होंने बहुत सहज ढंग से ऐसे किया है कि यह अलग लगता ही नहीं है। तत्सम और पर्याय शब्दों की उनके यहाँ भरमार है। उनकी भाषा मुहावरेदार है—इसमें मुहावरे बहुत सहज और अनायास ढंग से आते हैं। उनकी भाषा में प्रवाह भी है और लचीलापन भी। जहाँ ज़रूरत होती है, तुलसीदास का अपना व्यक्तित्व इस भाषा में पारदर्शी होता है। ख़ास तौर पर *विनय पत्रिका* की भाषा बहुत व्यंजक और प्रभावशाली है। यह भाषा लौकिक और शास्त्रीय के बीच आती-जाती है। हजारीप्रसाद द्विवेदी के शब्दों में कहें तो 'जहाँ भाषा साधारण और लौकिक होती है, वहाँ तुलसीदास की उक्तियाँ तीर की तरह चुभ जाती है और जहाँ शास्त्रीय और गंभीर होती हैं वहाँ पाठक का मन चील की तरह मँडराकर प्रतिपादित सिद्धांत ग्रहण कर लेता है।' तुलसीदास ने अवधी और ब्रज, दोनों का इस्तेमाल किया। अवधी उनके समय में प्रबंध की भाषा बन चुकी थी, इसलिए *मानस* में उन्होंने इसका प्रयोग किया, जबकि ब्रज उस समय मुक्तक की भाषा थी, इसलिए *विनय पत्रिका* आदि में उन्होंने ब्रज का प्रयोग किया। उनकी ब्रज में उस समय के चाल-चलन में आ गई अरबी-फ़ारसी के शब्दों से परहेज़ नहीं है। *विनय पत्रिका* के अंग्रेज़ी अनुवादक ने उनके भाषा शिल्प की जमकर सराहना की है। उन्होंने लिखा है कि 'वस्तुतः अनुवाद के माध्यम से तुलसी की भाषा का अनुमान करवा पाना असम्भव है। ब्रज में संस्कृत, अरबी और फ़ारसी के सम्मिश्रण के कारण वह ताजमहल के सुमिश्रित सौंदर्य जैसी है।'

7

हिन्दी में एक तबके में तुलसीदास को वर्णाश्रम व्यवस्था का समर्थक और इसलिए प्रतिगामी मानने की परंपरा रही है। कुछ लोगों की यह भी धारणा है कि तुलसीदास बुद्ध और कबीर की तरह समाज सुधारक नहीं थे। इसी तरह कुछ लोग यह भी कहते हैं कि उन्होंने किसी सिद्धांत या मत का प्रवर्तन नहीं किया और न ही वे किसी एक मत के समर्थक रहे। दलित अस्मितायी आग्रह

बढ़ने के साथ यह धारणा पहले से अधिक मज़बूत हुई है कि तुलसी प्रतिगामी थे। यह विडंबना है कि गत कुछ दशकों से प्रतिरोध को और उसमें भी ख़ास तौर पर वर्ण और जातीय प्रतिरोध को साहित्य के मूल्यांकन की एकमात्र और अंतिम कसौटी मान लिया गया है। यह समझने की ज़रूरत है कि प्रतिरोध किसी स्वस्थ समाज की सामान्य अवस्था नहीं है और यह निरंतर और हमेशा भी नहीं रहता। यह विडंबना ही है कि हिन्दी में प्रतिरोध को मूल्य की हैसियत कुछ ज़्यादा ही मिल गई और उसकी निरंतरता को ज़रूरी भी मान लिया गया। ख़ास तौर पर परंपरा के विरोध में खड़ा व्यक्ति कुछ अच्छा और अर्थपूर्ण करता है, यह धारणा बड़े वर्ग में मान्य हो गई है। इसी तरह परंपरा के साथ और समर्थन में खड़े व्यक्ति की पहचान प्रतिगामी और दकियानूसी की हो गई है। हिन्दी में तुलसी का मूल्यांकन भी कुछ लोग इसीलिए प्रतिगामी व्यक्ति के रूप में करते हैं। तुलसी जिस समय और समाज में थे वहाँ समाज चलाने के लिए, उसकी व्यवस्था और अनुशासन के लिए परंपरा के साथ होना ज़रूरी था। उनके समय में 'सुधारक' होना आसान था, उनकी पहले से बहुतायत थी और उनके कारण मत-मतांतरों की भीड़ लगी हुई थी। जनसाधारण के लिए बहुत मुश्किल था कि वह क्या करे और किधर जाए। तुलसी ने ऐसे समय में परंपरा की 'श्रुति सम्मत' राह पकड़ी, तो जनसाधारण सहज ही उनके साथ हो लिया। प्रतिरोध में होने के झंझट कई थे। उसके आत्मसातीकरण में समय लगता था और इस बीच समाज की उपेक्षा, निंदा और कभी-कभी बहिष्कार में जीवन व्यतीत करना बहुत मुश्किल काम था। तुलसी जो राह बताते थे, वह समाज सम्मत थी और उसमें सम्मान का जीवन भी था। इस समाज और श्रुति सम्मत राह की पहल ही तुलसी की सफलता का असल रहस्य है। तुलसी के यहाँ प्रतिरोध नहीं है, यह धारणा गलत है। परंपरा में जितना प्रतिरोध अंतर्निहित होता है, उतना तुलसी के यहाँ भी है। तुलसी सुधारकों की तरह उसकी झंडाबरदारी नहीं करते और न ही कबीर और उनके समानधर्मियों की तरह उसका हल्ला काटते हैं। वे परंपरा और व्यवस्था के साथ रहकर इनकी बुराइयों की पहचान करते हैं और साथ ही इनका अपना समाधान भी ढूँढते हैं। अपने समय में ब्राह्मणों के पतन पर *रामचरितमानस, कवितावली* और *विनय पत्रिका* में उन्होंने जितना लिखा, उतना तो संतों ने भी नहीं लिखा। संस्कृत

और भाषा में से भाषा का उनका चुनाव भी उनके समय में बहुत क्रांतिकारी था। उन्होंने परंपरा और व्यवस्था के साथ रहकर समाज में जो सुधार किए उनका असर उत्तर भारत के जनसाधारण पर आज भी है। यह समाज आज भी तुलसी की शिक्षा और विचारों को जीने वाला समाज है। ये जॉर्ज ग्रियर्सन ही थे, जो तुलसी की सफलता के रहस्य को समझते थे। उन्होंने लिखा कि 'मेरे मन में उत्तर भारत के धर्म के दो प्रमुख पद हैं—बौद्ध धर्म और उसके दो सहस्र वर्ष बाद तुलसीदास की शिक्षा। बौद्ध धर्म का व्यावहारिक परिणाम हुआ संपूर्ण भारत द्वारा विश्वबंधुता में निष्ठा की स्वीकृति। तुलसीदास ने इसमें यह भाव जोड़ दिया कि भगवान ही सबका पिता है।' बुद्ध परंपरा के प्रतिरोधी थे, जबकि तुलसी उसके समर्थक। ख़ास बात यह है कि समर्थन में होकर भी तुलसी की हैसियत बुद्ध से किसी भी तरह कम नहीं है।

8

रामचरितमानस और तुलसी के शेष ग्यारह ग्रंथों— *विनय पत्रिका, कवितावली, गीतावाली, बरवै रामायण, दोहावली, कृष्ण गीतावली, जानकीमंगल, पार्वतीमंगल, रामाज्ञा प्रश्न, रामलला नहछू* और *वैराग्य संदीपनी* में से कुछ रचनाओं का चयन बहुत मुश्किल काम है। तुलसी के यहाँ सरोकार, रचना, भाषा, छंद, शैली आदि का जितना वैविध्य है, उतना शायद ही हिन्दी के किसी अन्य कवि के यहाँ है। मंशा यह है कि संचयन ऐसा हो जो तुलसी के इस वैविध्य और विस्तार का प्रतिनिधित्व करे। ज़ाहिर है, इस विस्तार और वैविध्य में जाना और उसमें से सभी की रुचि और संस्कार के अनुसार रचनाओं का चयन करना किसी एक व्यक्ति के बस की बात नहीं है। यही सोचकर मैंने इस संचयन में संस्कृत-फ़ारसी के असाधारण युवा विद्वान् और भारतीय उच्च अध्ययन संस्थान, शिमला के अपने अध्येता मित्र डॉ. बलराम शुक्ल का सहयोग लिया है। मैं इस सहयोग के लिए उनका आभारी हूँ। यहाँ तुलसी की बारह में से केवल चर्चित और प्रतिनिधि छह रचनाओं— *रामचरितमानस, विनय पत्रिका, कवितावली, गीतावली, दोहावली* और *बरवै रामायण* में से मर्मस्पर्शी और अर्थपूर्ण अंश चुने गए हैं। सबसे अधिक स्थान *रामचरितमानस* को दिया गया है, जो भारतीय जनसाधारण में सबसे अधिक लोकप्रिय है। उसके बाद क्रमशः *विनय पत्रिका, कवितावली, गीतावली, दोहावली* और *बरवै रामायण*

के लिए जगह रखी गई है। *रामचरितमानस* तुलसी की प्रबंध रचना है और यह उनकी कीर्ति का शिखर भी है, इसलिए इसमें से वे अंश लिए गए हैं, जो अर्थपूर्ण और साथ में लोकप्रिय भी हैं। यह भी ध्यान रखा गया है कि ये रचनांश पूर्वापर के अभाव में इस तरह के हों कि ये पूर्ण और स्वायत्त भी लगें। प्रसंग को पूरा रखा गया है—उसमें से बीच में से कुछ भी हटाया नहीं गया है। *मानस* एक प्रबंध रचना है, इसलिए इसमें तुलसी के अपने विचार, भाव, तनाव, द्वंद्व, चिंता और सरोकार की अभिव्यक्ति के लिए सीधे गुंजाइश बहुत कम थी। तुलसी ने इसीलिए शेष रचनाएँ लिखीं और उनमें भी ख़ास तौर पर *कवितावली* और *विनय पत्रिका* में उन्होंने भक्ति के साथ अपने निजी सरोकार और अपने समय की उठा-पटक को भी प्राथमिकता दी। प्रस्तुत संचयन में इन दोनों रचनाओं के उन अंशों को लिया गया है, जो तुलसी की अपनी और उनके समय की मुक़म्मल तस्वीर हमारे सामने रखते हैं। *दोहावली* तुलसी की एक समय में लिखी गई रचना नहीं है। इसमें वे आजीवन जोड़-बाकी करते रहे, इसलिए यह उनकी संपूर्ण जीवन यात्रा का प्रतिनिधित्व करती है। इसमें से वे अंश लिए गए हैं, जो ख़ास तौर पर तुलसी के नीति संबंधी विचारों पर एकाग्र हैं। *बरवै रामायण* तुलसी के जीवन के अंतिम चरण की सुगठित रचना है और कहते हैं कि यह उन्होंने बरवै छंद पर मुग्ध होकर लिखी थी। यहाँ उसके भी कुछ अंश दिए गए हैं। तुलसी की रचनाओं के उपलब्ध पाठ कमोबेश प्रामाणिक हैं। उनको लेकर कोई बहुत विवाद नहीं है। यहाँ चयन में उपलब्ध सभी स्रोतों का सहयोग लिया गया है। शब्दार्थ केवल उन शब्दों के दिए गए हैं, जो आम हिन्दी पाठक के शब्द ज्ञान में सम्मिलित नहीं हैं। शब्दार्थ में व्याख्या या पल्लवन या व्यंग्यार्थ सम्मिलित नहीं हैं। यह पाठक के अपने विवेक पर छोड़ा गया है। जहाँ आवश्यक हुआ इसके लिए *तुलसी शब्दकोश* (आचार्य बच्चूलाल अवस्थी) का सहयोग लिया गया है। आशा है, तुलसी के विविध और विस्तृत रचनाकर्म की यह बानगी पाठकों को पसंद आएगी।

—माधव हाड़ा

13 अप्रैल, 2021

भारतीय उच्च अध्ययन संस्थान,

राष्ट्रपति निवास, शिमला

रामचरितमानस

बाल कांड

यज्ञ रक्षा एवं अहिल्या उद्धार

यह सब चरित कहा मैं गाई। आगिलि कथा सुनहु मन लाई॥
बिस्वामित्र महामुनि ग्यानी। बसहिं बिपिन[1] सुभ आश्रम जानी॥
जहँ जप जग्य जोग मुनि करहीं। अति मारीच सुबाहुहि डरहीं॥
देखत जग्य निसाचर धावहिं[2]। करहिं उपद्रव मुनि दुख पावहिं॥
गाधितनय[3] मन चिंता ब्यापी। हरि बिनु मरहिं न निसिचर पापी॥
तब मुनिबर मन कीन्ह बिचारा। प्रभु अवतरेउ[4] हरन महिभारा[5]॥
एहूँ मिस[6] देखौं पद जाई। करि बिनती आनौं[7] दोउ भाई॥
ग्यान बिराग सकल गुन अयना[8]। सो प्रभु मैं देखब भरि नयना॥

दोहा—बहुबिधि करत मनोरथ जात लागि नहिं बार[9]।
करि मज्जन[10] सरऊ जल गए भूप दरबार॥ 1॥

मुनि आगमन सुना जब राजा। मिलन गयउ लै बिप्र समाजा॥
करि दंडवत मुनिहि सनमानी। निज आसन बैठारेन्हि आनी॥
चरन पखारि[11] कीन्हि अति पूजा। मो सम आजु धन्य नहिं दूजा॥
बिबिध भाँति भोजन करवावा। मुनिबर हृदयँ हरष अति पावा॥
पुनि चरननि मेले सुत चारी। राम देखि मुनि देह बिसारी॥

---

1. वन 2. दौड़ते थे 3. गाधि के पुत्र, विश्वामित्र 4. अवतार लिया है 5. पृथ्वी का भार 6. बहाना 7. लाऊँगा 8. भंडार 9. देर 10. स्नान 11. प्रक्षालन करके, धोकर

भए मगन देखत मुख सोभा। जनु चकोर पूरनससि[1] लोभा॥
तब मन हरषि बचन कह राऊ। मुनि अस कृपा न कीन्हिहु काऊ॥
केहि कारन आगमन तुम्हारा। कहहु सो करत न लावउँ बारा[2]॥
असुर समूह सतावहिं मोही। मैं याचन[3] आयउँ नृप तोही॥
अनुज समेत देहु[4] रघुनाथा। निसिचर बध मैं होब सनाथा॥

दोहा—देहु भूप मन हरषित तजहु मोह अग्यान।
धर्म सुजस प्रभु तुम्ह कौं इन्ह कहँ अति कल्यान॥ 2॥

सुनि राजा अति अप्रिय बानी। हृदय कंप मुख दुति[5] कुमुलानी॥
चौथेंपन[6] पायउँ सुत चारी। बिप्र बचन नहिं कहेहु बिचारी॥
मागहु भूमि धेनु धन कोसा। सर्बस देउँ आजु सहरोसा[7]॥
देह प्रान तें प्रिय कछु नाहीं। सोउ मुनि देउँ निमिष[8] एक माहीं॥
सब सुत प्रिय मोहि प्रान की नाईं[9]। राम देत नहिं बनइ गोसाईं॥
कहँ निसिचर अति घोर कठोरा। कहँ सुंदर सुत परम किसोरा॥
सुनि नृप गिरा प्रेम रस सानी। हृदयँ हरष माना मुनि ग्यानी॥
तब बसिष्ट बहुबिधि समुझावा। नृप संदेह नास कहँ पावा॥
अति आदर दोउ तनय बोलाए। हृदयँ लाइ बहु भाँति सिखाए॥
मेरे प्रान नाथ सुत दोऊ। तुम्ह मुनि पिता आन[10] नहिं कोऊ॥

दोहा—सौंपे भूप रिषिहि सुत बहुबिधि देइ असीस।
जननी भवन गए प्रभु चले नाइ पद सीस॥ 3(क)॥

सो.—पुरुष सिंह दोउ बीर हरषि चले मुनि भय हरन।
कृपासिंधु मतिधीर अखिल बिस्वकारन करन[11]॥ 3(ख)॥

अरुन नयन उर बाहु बिसाला। नील जलज तनु स्याम तमाला॥
कटि पट पीत कसें बर भाथा। रुचिर चाप सायक दुहुँ हाथा॥

---

1. पूर्ण चन्द्र 2. विलंब 3. माँगने 4. दे दो 5. चमक 6. बुढ़ापा 7. सहर्ष, प्रसन्नतापूर्वक 8. क्षण 9. समान 10. अन्य 11. संसार के कारण और कर्ता

स्याम गौर सुंदर दोउ भाई। बिस्वामित्र महानिधि पाई॥
प्रभु ब्रह्मन्यदेव[1] मैं जाना। मोहि निति पिता तजेउ भगवाना॥
चले जात मुनि दीन्हि देखाई। सुनि ताड़का क्रोध करि धाई[2]॥
एकहिं बान प्रान हरि लीन्हा। दीन जानि तेहि निज पद[3] दीन्हा॥
तब रिषि निज नाथहि जियँ चीन्ही[4]। बिद्यानिधि कहुँ बिद्या दीन्ही॥
जाते लाग न छुधा पिपासा। अतुलित बल तनु तेज प्रकासा॥

दोहा—आयुध[5] सर्ब समर्पि कै प्रभु निज आश्रम आनि।
कंद मूल फल भोजन दीन्ह भगति हित जानि॥ 4॥

प्रात कहा मुनि सन रघुराई। निर्भय जग्य करहु तुम्ह जाई॥
होम करन लागे मुनि झारी[6]। आपु रहे मख[7] कीं रखवारी॥
सुनि मारीच निसाचर क्रोही[8]। लै सहाय धावा मुनिद्रोही॥
बिनु फर[9] बान राम तेहि मारा। सत जोजन[10] गा सागर पारा॥
पावक सर सुबाहु पुनि मारा। अनुज निसाचर कटकु[11] सँघारा[12]॥
मारि असुर द्विज निर्भयकारी। अस्तुति करहिं देव मुनि झारी॥
तहँ पुनि कछुक दिवस रघुराया। रहे कीन्हि बिप्रन्ह पर दाया॥
भगति हेतु बहुत कथा पुराना। कहे बिप्र जद्यपि प्रभु जाना॥
तब मुनि सादर कहा बुझाई। चरित एक प्रभु देखिअ जाई॥
धनुषजग्य सुनि रघुकुल नाथा। हरषि चले मुनिबर के साथा॥
आश्रम एक दीख मग माहीं। खग मृग जीव जंतु तहँ नाहीं॥
पूछा मुनिहि सिला प्रभु देखी। सकल कथा मुनि कहा बिसेषी॥

दोहा—गौतम नारि श्राप बस उपल[13] देह धरि धीर।
चरन कमल रज[14] चाहति कृपा करहु रघुबीर॥ 5॥

---

1. ब्राह्मणों के हितैषी 2. दौड़ी 3. बैकुंठ धाम, मोक्ष 4. पहचान लिया 5. अस्त्र-शस्त्र 6. सबके सब 7. यज्ञ 8. क्रोपशील, द्वेषी 9. बाण का अग्र भाग 10. योजन 11. सेना 12. संहार किया 13. पत्थर 14. धूल

छंद—परसत पद पावन सोकनसावन प्रगट भई तपपुंज सही।
देखत रघुनायक जन सुखदायक सनमुख होइ कर जोरि रही॥
अति प्रेम अधीरा पुलक सरीरा मुख नहिं आवइ बचन कही।
अतिसय बड़भागी चरनन्हि लागी जुगल नयन जलधार बही॥
धीरजु मन कीन्हा प्रभु कहुँ चीन्हा[1] रघुपति कृपाँ भगति पाई।
अति निर्मल बानी अस्तुति ठानी ग्यानगम्य जय रघुराई॥
मैं नारि अपावन प्रभु जग पावन रावन रिपु जन सुखदायी।
राजीव बिलोचन भव भय मोचन पाहि पाहि[2] सरनहिं आई॥
मुनि श्राप जो दीन्हा अति भल कीन्हा परम अनुग्रह मैं माना।
देखेउँ भरि लोचन हरि भव मोचन इहइ लाभ संकर जाना॥
बिनती प्रभु मोरी मैं मति भोरी[3] नाथ न मागउँ बर आना[4]।
पद कमल परागा रस अनुरागा मम मन मधुप[5] करै पाना॥
जेहिं पद सुरसरिता[6] परम पुनीता प्रगट भई सिव सीस धरी।
सोई पद पंकज जेहि पूजत अज[7] मम सिर धरेउ कृपाल हरी॥
एहि भाँति सिधारी[8] गौतम नारी बार बार हरि चरन परी।
जो अति मन भावा सो बरु पावा गै पति लोक अनंद भरी॥

दोहा—अस प्रभु दीनबंधु हरि कारन रहित दयाल।
तुलसिदास सठ[9] तेहि भजु छाड़ि कपट जंजाल॥ 6॥

जनक वाटिका प्रसंग

सकल सौच करि जाइ नहाए। नित्य निबाहि[10] मुनिहि सिर नाए[11]॥
समय जानि गुर आयसु[12] पाई। लेन प्रसून[13] चले दोउ भाई॥
भूप बागु बर देखेउ जाई। जहँ बसंत रितु रही लोभाई॥

---

1. पहचान लिया 2. रक्षा करो 3. साधारण बुद्धि (भोली) 4. अन्य 5. भ्रमर 6. गंगा 7. ब्रह्मा 8. प्रस्थान किया, चली 9. मूर्ख 10. नित्य कर्म (संध्या वंदन आदि) करके 11. प्रणाम किया 12. गुरु आज्ञा 13. पुष्प

लागे बिटप[1] मनोहर नाना। बरन बरन बर बेलि बिताना[2]॥
नव पल्लव फल सुमन सुहाए। निज संपति सुर रूख[3] लजाए॥
चातक कोकिल कीर[4] चकोरा। कूजत बिहग नटत कल मोरा॥
मध्य बाग सरु सोह सुहावा। मनि सोपान बिचित्र बनावा॥
बिमल सलिलु सरसिज[5] बहुरंगा। जलखग कूजत गुंजत भृंगा[6]॥

दोहा—बागु तड़ागु[7] बिलोकि प्रभु हरषे बंधु समेत।
परम रम्य आरामु यहु जो रामहि सुख देत॥ 7॥

चहुँ दिसि चितइ पूँछि मालीगन। लगे लेन दल फूल मुदित मन॥
तेहि अवसर सीता तहँ आई। गिरिजा[8] पूजन जननि पठाई[9]॥
संग सखीं सब सुभग[10] सयानीं[11]। गावहिं गीत मनोहर बानीं॥
सर समीप गिरिजा गृह[12] सोहा। बरनि न जाइ देखि मनु मोहा॥
मज्जनु[13] करि सर सखिन्ह समेता। गई मुदित मन गौरि निकेता[14]॥
पूजा कीन्हि अधिक अनुरागा। निज अनुरूप सुभग बरु मागा॥
एक सखी सिय संगु बिहाई[15]। गई रही देखन फुलवाई॥
तेहिं दोउ बंधु बिलोके[16] जाई। प्रेम बिबस सीता पहिं[17] आई॥

दोहा—तासु दसा देखी सखिन्ह पुलक गात जलु नैन।
कहु कारनु निज हरष कर पूछहिं सब मृदु बैन॥ 8॥

देखन बागु कुअँर दुइ[18] आए। बय[19] किसोर सब भाँति सुहाए॥
स्याम गौर किमि कहौं बखानी। गिरा[20] अनयन[21] नयन बिनु बानी॥
सुनि हरषीं सब सखीं सयानी। सिय हियँ अति उत्कंठा जानी॥
एक कहइ नृपसुत तेइ आली[22]। सुने जे मुनि सँग आए काली[23]॥

---

1. वृक्ष 2. वितान, मंडप 3. कल्पवृक्ष 4. तोता 5. कमल 6. भ्रमर 7. तालाब 8. पार्वती 9. भेजी 10. सर्वांग सुन्दरी 11. चतुर, समझदार 12. पार्वती का मंदिर 13. स्नान 14. पार्वती का भवन (मंदिर) 15. छोड़कर 16. देखे 17. पासा 18. दोनों 19. वय 20. वाणी 21. नेत्रविहीन 22. सखि 23. कल

जिन्ह निज रूप मोहनी डारी। कीन्हे स्वबस नगर नर नारी॥
बरनत छबि जहँ तहँ सब लोगू। अवसि[1] देखिअहिं देखन जोगू[2]॥
तासु[3] बचन अति सियहि सोहाने। दरस लागि लोचन अकुलाने॥
चली अग्र करि प्रिय सखि सोई। प्रीति पुरातन लखइ[4] न कोई॥

दोहा—सुमिरि सीय नारद बचन उपजी प्रीति पुनीत।
चकित बिलोकति सकल दिसि जनु सिसु मृगी[5] सभीत[6]॥ 9॥

कंकन[7] किंकिनि[8] नुपुर धुनि[9] सुनि। कहत लखन सन रामु हृदयँ गुनि[10]॥
मानहुँ मदन दुंदुभी दीन्ही। मनसा[11] बिस्व बिजय कहँ कीन्ही॥
अस कहि फिरि चितए तेहि ओरा। सिय मुख ससि भए नयन चकोरा॥
भए बिलोचन चारु अचंचल[12]। मनहुँ सकुचि निमि[13] तजे दिगंचल॥
देखि सीय शोभा सुखु पावा। हृदयँ सराहत बचनु न आवा॥
जनु बिरंचि[14] सब निज निपुनाई। बिरचि बिस्व कहँ प्रगटि देखाई॥
सुंदरता कहुँ सुंदर करई। छबिगृहँ दीपसिखा जनु बरई[15]॥
सब उपमा कबि रहे जुठारी। केहिं पटतरौं[16] बिदेहकुमारी॥

दोहा—सिय शोभा हियँ बरनि प्रभु आपनि दसा बिचारि।
बोले सुचि[17] मन अनुज सन बचन समय अनुहारि[18]॥ 10॥

तात जनकतनया[19] यह सोई। धनुषजग्य जेहि कारन होई॥
पूजन गौरि[20] सखीं लै आईं। करत प्रकासु फिरइ फुलवाईं॥
जासु बिलोकि अलौकिक सोभा। सहज पुनीत मोर मनु छोभा[21]॥
सो सबु कारन जान बिधाता। फरकहिं सुभद[22] अंग सुनु भ्राता॥
रघुबंसिन्ह कर सहज सुभाऊ। मनु कुपंथ पगु धरइ न काऊ॥

---

1. अवश्य 2. योग्य 3. उसके 4. देखा 5. शिशु मादा हिरण 6. भयपूर्वक 7. कंगन 8. छोटी घंटी, जो आभूषणों में टँगी रहती है 9. ध्वनि 10. विचार कर 11. कामदेव 12. स्थिर 13. सीता के पिता के पूर्वज का नाम 14. विधाता 15. जलती है 16. उपमा दूँ 17. पवित्र 18. अनुसार 19. जनकपुत्री, सीता 20. पार्वती 21. क्षोभ, विचलन 22. कल्याणकारी

मोहि अतिसय प्रतीति[1] मन केरी। जेहिं सपनेहुँ परनारि न हेरी[2]॥
जिन्ह कै लहहिं न रिपु रन[3] पीठी[4]। नहिं पावहिं परतिय मनु डीठी[5]॥
मंगन[6] लहहिं न जिन्ह कै नाहीं। ते नरबर थोरे जग माहीं॥

दोहा—करत बतकही अनुज सन मन सिय रूप लोभान।
मुख सरोज मकरंद छबि करइ मधुप इव पान॥ 11॥

चितवति चकित चहूँ दिसि सीता। कहँ गए नृप किसोर मनु चिंता॥
जहँ बिलोक मृग सावक नैनी। जनु तहँ बरिस कमल सित[7] श्रेनी॥
लता ओट तब सखिन्ह लखाए। स्यामल गौर किसोर सुहाए॥
देखि रूप लोचन ललचाने। हरषे जनु निज निधि पहिचाने॥
थके नयन रघुपति छबि देखें। पलकन्हिहूँ[8] परिहरीं निमेषें॥
अधिक सनेहँ देह भै भोरी[9]। सरद ससिहि जनु चितव चकोरी॥
लोचन मग रामहि उर आनी। दीन्हे पलक कपाट सयानी॥
जब सिय सखिन्ह प्रेमबस जानी। कहि न सकहिं कछु मन सकुचानी॥

दोहा—लताभवन तें प्रगट भय तेहि अवसर दोउ भाइ।
निकसे जनु जुग[10] बिमल बिधु जलद पटल बिलगाई[11]॥ 12॥

सोभा सीवँ[12] सुभग दोउ बीरा। नील पीत जलजाभ[13] सरीरा॥
मोरपंख सिर सोहत नीके। गुच्छ बीच बिच कुसुम कली के॥
भाल तिलक श्रमबिंदु सुहाए। श्रवन सुभग भूषन छबि छाए॥
बिकट भृकुटि कच[14] घूघरवारे[15]। नव सरोज लोचन रतनारे॥
चारु चिबुक नासिका कपोला। हास बिलास लेत मनु मोला॥
मुखछबि कहि न जाइ मोहि पाहीं। जो बिलोकि बहु काम लजाहीं॥

---

1. विश्वास 2. देखा 3. रण, युद्ध 4. पीठ 5. दृष्टि 6. माँगनेवाले 7. श्वेत 8. पलकों ने 9. मुग्ध 10. युग, दोनों 11. हटाकर 12. सीमा 13. कमल 14. बाल 15. घुँघराले

उर मनि माल कंबु[1] कल गीवा। काम कलभ[2] कर भुज बलसींवा॥
सुमन समेत बाम[3] कर दोना। साँवर कुँअर सखी सुठि लोना[4]॥

दोहा—केहरि[5] कटि पट पीत धर सुषमा सील निधान।
देखि भानुकुलभूषनहि[6] बिसरा सखिन्ह अपान[7]॥ 13॥

धरि धीरजु एक आलि सयानी। सीता सन बोली गहि पानी[8]॥
बहुरि गौरि कर ध्यान करेहू। भूपकिसोर देखि किन[9] लेहू॥
सकुचि सीय तब नयन उघारे। सनमुख दोउ रघुसिंघ निहारे॥
नख सिख देखि राम कै सोभा। सुमिरि पिता पनु मनु अति छोभा॥
परबस सखिन्ह लखी जब सीता। भयउ गहरु[10] सब कहहिं सभीता॥
पुनि आउब एहि बेरिआँ[11] काली। अस कहि मन बिहसी एक आली॥
गूढ़[12] गिरा सुनि सिय सकुचानी। भयउ बिलंबु मातु भय मानी॥
धरि बड़ि धीर रामु उर आने। फिरी अपनपउ[13] पितुबस जाने॥

दोहा—देखन मिस मृग बिहग तरु फिरइ बहोरि बहोरि[14]।
निरखि निरखि रघुबीर छबि बाढ़इ प्रीति न थोरि॥ 14॥

जानि कठिन सिवचाप[15] बिसूरति[16]। चली राखि उर स्यामल मूरति॥
प्रभु जब जात जानकी जानी। सुख सनेह सोभा गुन खानी॥
परम प्रेममय मृदु मसि[17] कीन्ही। चारु चित्त भीतीं[18] लिखि लीन्ही॥
गई भवानी भवन बहोरी[19]। बंदि चरन बोली कर जोरी॥
जय जय गिरिबरराज किसोरी। जय महेस मुख चंद चकोरी॥
जय गजबदन[20] षडानन[21] माता। जगत जननि दामिनि दुति गाता॥
नहिं तव आदि मध्य अवसाना। अमित प्रभाउ बेदु नहिं जाना॥
भव भव बिभव पराभव कारिनि। बिस्व बिमोहनि स्वबस[22] बिहारिनि॥

---

1. शंख 2. शिशु हाथी 3. बायें 4. लावण्य, सुंदर 5. सिंह 6. सूर्यवंश के आभूषण 7. अपना 8. पाणि, हाथ 9. क्यों 10. विलंब 11. समय 12. गंभीर 13. अपने को 14. बारम्बार 15. शिव का धनुष 16. दु:खी होती हुई 17. स्याही 18. दीवार 19. वापस, पुन: 20. गणेश 21. कार्तिकेय 22. अपने अधीन

दोहा—पतिदेवता सुतीय महुँ मातु प्रथम तव रेख।
महिमा अमित न सकहिं कहि सहस सारदा सेष॥ 15॥

सेवत तोहि सुलभ फल चारी। बरदायनी पुरारि[1] पिआरी॥
देबि पूजि पद कमल तुम्हारे। सुर नर मुनि सब होहिं सुखारे॥
मोर मनोरथु जानहु नीकें[2]। बसहु सदा उर पुर सबही कें॥
कीन्हेउँ प्रगट न कारन तेहीं। अस कहि चरन गहे[3] बैदेहीं॥
बिनय प्रेम बस भई भवानी। खसी[4] माल मूरति मुसुकानी॥
सादर सियँ प्रसादु सिर धरेऊ। बोली गौरि हरषु हियँ भरेऊ॥
सुनु सिय सत्य असीस हमारी। पूजिहि[5] मन कामना तुम्हारी॥
नारद बचन सदा सुचि[6] साचा। सो बरु[7] मिलिहि जाहिं मनु राचा[8]॥

छंद—मनु जाहिं राचेउ मिलिहि सो बरु सहज सुंदर साँवरो।
करुना निधान सुजान सीलु सनेहु जानत रावरो॥
एहि भाँति गौरि असीस सुनि सिय सहित हियँ हरषीं अली[9]।
तुलसी भवानिहि पूजि पुनि पुनि मुदित मन मंदिर चली॥

सोरठा—जानि गौरि अनुकूल सिय हिय हरषु न जाइ कहि।
मंजुल मंगल मूल बाम[10] अंग फरकन लगे॥ 16॥

राम-लक्ष्मण-परशुराम संवाद

खरभरु[11] देखि बिकल पुर नारी। सब मिलि देहिं महीपन्ह गारी॥
तेहि अवसर सुनि सिवधनु भंगा। आयउ भृगुकुल कमल पतंगा[12]॥
देखि महीप सकल सकुचाने। बाज झपट जनु लवा[13] लुकाने॥
गौरि सरीर भूति[14] भल भ्राजा[15]। भाल बिसाल त्रिपुंड बिराजा॥

1. शंकर 2. अच्छी तरह से 3. पकड़े 4. खिसकी 5. पूर्ण होगी 6. पवित्र 7. वर 8. रचा है, चित्र लगा है 9. सखियाँ 10. बायें 11. खलबली, गड़बड़ 12. सूर्य 13. एक पक्षी का नाम 14. विभूति, भस्म 15. लग रही थी

सीस जटा ससि बदनु[1] सुहावा। रिस बस[2] कछुक अरुन होइ आवा॥
भृकुटी कुटिल नयन रिस राते। सहजहुँ चितवत मनहुँ रिसाते[3]॥
बृषभ[4] कंध उर बाहु बिसाला। चारु जनेउ माल मृगछाला॥
कटि मुनिबसन तून दुइ बाँधे। धनु सर कर कुठारु कल काँधे॥

दोहा—सांत बेषु करनी कठिन बरनि न जाइ सरूप।
धरि मुनितनु जनु बीर रसु आयउ जहँ सब भूप॥ 17॥

देखत भृगुपति बेषु कराला। उठे सकल भय बिकल भुआला[5]॥
पितु समेत कहि कहि निज नामा। लगे करन सब दंड प्रनामा॥
जेहि सुभायँ चितवहिं हितु जानी। सो जानइ जनु आइ खुटानी[6]॥
जनक बहोरि आइ सिरु नावा। सीय बोलाइ प्रनामु करावा॥
आसिष दीन्हि सखीं हरषानी। निज समाज लै गईं सयानी॥
बिस्वामित्र मिले पुनि आई। पद सरोज[7] मेले दोउ भाई॥
रामु लखन दसरथ के ढोटा[8]। दीन्हि असीस देखि भल जोटा[9]॥
रामहि चितइ रहे थकि लोचन। रूप अपार मार[10] मद मोचन॥

दोहा—बहुरि बिलोकि बिदेह सन कहहु काह अति भीर।
पूछत जानि अजान जिमि ब्यापेउ[11] कोप सरीर॥ 18॥

समाचार कहि जनक सुनाए। जेहि कारन महीप सब आए॥
सुनत बचन फिरि अनत[12] निहारे। देखे चापखंड महि[13] डारे॥
अति रिस बोले बचन कठोरा। कहु जड़[14] जनक धनुष कै तोरा[15]॥
बेगि[16] देखाउ मूढ़ नत[17] आजू। उलटउँ महि जहँ लहि तव राजू॥
अति डरु उतरु देत नृपु नाही। कुटिल भूप हरषे मन माही॥
सुर मुनि नाग नगर नर नारी। सोचहिं सकल त्रास उर भारी॥

---

1. मुख 2. क्रोधवश 3. क्रोध से लाल 4. बैल 5. भूपाल, राजा 6. बीत गई 7. चरण कमल 8. लड़के, पुत्र 9. जोड़ी 10. कामदेव 11. व्याप्त हो गया, भर गया 12. अन्यत्र, दूसरी ओर 13. पृथ्वी 14. मूर्ख 15. तोड़ा 16. शीघ्र 17. नहीं तो

मन पछिताति सीय महतारी[1]। बिधि अब सँवरी बात बिगारी॥
भृगुपति कर सुभाउ सुनि सीता। अरध निमेष[2] कलप सम बीता॥

दोहा—सभय बिलोके लोग सब जानि जानकी भीरु[3]।
हृदयँ न हरषु बिषादु कछु बोले रघुबीरु॥ 19॥

नाथ संभुधनु[4] भंजनिहारा[5]। होइहि केउ[6] एक दास तुम्हारा॥
आयसु[7] काह कहिअ किन मोही। सुनि रिसाइ बोले मुनि कोही[8]॥
सेवकु सो जो करै सेवकाई। अरि करनी[9] करि करिअ लराई॥
सुनहु राम जेहिं सिवधनु तोरा। सहसबाहु सम सो रिपु मोरा॥
सो बिलगाउ[10] बिहाइ समाजा। न त मारे जैहहिं सब राजा॥
सुनि मुनि बचन लखन मुसुकाने। बोले परसुधरहि अपमाने॥
बहु धनुहीं[11] तोरीं लरिकाईं[12]। कबहुँ न असि रिस कीन्हि गोसाईं॥
एहि धनु पर ममता केहि हेतू। सुनि रिसाइ कह भृगुकुलकेतू॥

दोहा—रे नृप बालक काल बस बोलत तोहि न सँभार।
धनुही सम त्रिपुरारि धनु[13] बिदित सकल संसार॥ 20॥

लखन कहा हँसि हमरें जाना। सुनहु देव सब धनुष समाना॥
का छति लाभु[14] जीर्ण[15] धनु तोरे। देखा राम नयन के भोरे[16]॥
छुअत टूट रघुपतिहु न दोसू। मुनि बिनु काज करिअ कत रोसू॥
बोले चितइ परसु[17] की ओरा। रे सठ सुनेहि सुभाउ न मोरा॥
बालकु बोलि बधउँ[18] नहिं तोही। केवल मुनि जड़ जानहि मोही॥
बाल ब्रह्मचारी अति कोही[19]। बिस्व बिदित छत्रियकुल द्रोही॥
भुजबल भूमि भूप बिनु कीन्ही। बिपुल बार महिदेवन्ह दीन्ही॥
सहसबाहु भुज छेदनिहारा[20]। परसु बिलोकु महीपकुमारा॥

---

1. माता 2. पल, क्षण 3. भय 4. शिवधनुष 5. तोड़नेवाला 6. कोई 7. आज्ञा 8. क्रोधी 9. शत्रु का कार्य 10. अलग करके 11. छोटा धनुष 12. बचपन 13. शिव का धनुष 14. क्षति-लाभ 15. पुराना 16. धोखे 17. फरसा 18. वध, मारना 19. कोपी 20. विच्छेद करनेवाला, काटनेवाला

दोहा—मातु पितहि जनि सोचबस करसि महीसकिसोर।
गर्भन्ह के अर्भक[1] दलन परसु मोर अति घोर॥ 21॥

बिहसि लखनु बोले मृदु बानी। अहो मुनीसु महाभट[2] मानी॥
पुनि पुनि मोहि देखाव कुठारू। चहत उड़ावन फूँकि पहारू[3]॥
इहाँ कुम्हड़बतिया[4] कोउ नाही। जे तरजनी[5] देखि मरि जाही॥
देखि कुठारू सरासन बाना[6]। मैं कछु कहा सहित अभिमाना॥
भृगुसुत समुझि जनेउ बिलोकी। जो कछु कहहु सहउँ रिस[7] रोकी॥
सुर महिसुर हरिजन अरु गाई। हमरे कुल इन्ह पर न सुराई[8]॥
बधें पापु अपकीरति हारे। मारतहूँ पा[9] परिअ तुम्हारे॥
कोटि कुलिस[10] सम बचनु तुम्हारा। ब्यर्थ[11] धरहु धनु बान कुठारा॥
दोहा—जो बिलोकि अनुचित कहेउँ छमहु महामुनि धीर।
सुनि सरोष भृगुबंसमनि बोले गिरा गंभीर॥ 22॥

कौसिक[12] सुनहु मंद[13] यहु बालकु। कुटिल कालबस निज कुल घालकु॥
भानु बंस राकेस कलंकू[14]। निपट निरंकुस अबुध[15] असंकू[16]॥
काल कवलु[17] होइहि छन माही। कहउँ पुकारि खोरि[18] मोहि नाही॥
तुम्ह हटकहु[19] जौं चहहु उबारा[20]। कहि प्रतापु बलु रोषु हमारा॥
लखन कहेउ मुनि सुजसु तुम्हारा। तुम्हहि अछत को बरनै पारा॥
अपने मुँह तुम्ह आपनि करनी। बार अनेक भाँति बहु बरनी॥
नहिं संतोषु त पुनि कछु कहहू। जनि[21] रिस रोकि दुसह दुख सहहू॥
बीरब्रती तुम्ह धीर अछोभा। गारी देत न पावहु सोभा॥
दोहा—सूर समर करनी करहिं कहि न जनावहिं[22] आपु।
बिद्यमान रन पाइ रिपु कायर कथहिं प्रतापु॥ 23॥

---

1. गर्भवती के पेट के बच्चे 2. योद्धा 3. पहाड़ 4. कुम्हड़ा की बतियाँ 5. हाथ के अँगूठे के पास की अँगुली, जो अक्सर धमकाने के लिए प्रयुक्त होती है 6. बाण 7. क्रोध 8. शुराई (बहादुरी) 9. पाँव 10. वज्र 11. व्यर्थ 12. विश्वामित्र 13. मूर्ख 14. सूर्यवंश के चन्द्रमा का कलंक 15. अज्ञानी 16. निडर 17. काल का ग्रास 18. दोष 19. रोक हो 20. बचाना 21. मत 22. प्रकट करना

तुम्ह तौ कालु[1] हाँक[2] जनु लावा। बार बार मोहि लागि बोलावा॥
सुनत लखन के बचन कठोरा। परसु सुधारि धरेउ कर घोरा[3]॥
अब जनि देइ दोसु मोहि लागू। कटुबादी बालकु बधजोगू[4]॥
बाल बिलोकि बहुत मैं बाँचा[5]। अब यहु मरनिहार भा[6] साँचा॥
कौसिक कहा छमिअ अपराधू। बाल दोष गुन गनहिं न साधू॥
खर कुठार मैं अकरुन कोही[7]। आगें अपराधी गुरुद्रोही॥
उतर देत छोड़उँ बिनु मारे। केवल कौसिक सील तुम्हारे॥
न त एहि काटि कुठार कठोरे। गुरहि उरिन होतेउँ श्रम थोरे॥

दोहा—गाधिसूनु[8] कह हृदयँ हँसि मुनिहि हरिअरइ[9] सूझ।
अयमय[10] खाँड़ न ऊख[11] मय अजहुँ न बूझ अबूझ[12]॥ 24॥

कहेउ लखन मुनि सीलु तुम्हारा। को नहिं जान बिदित संसारा॥
मात पितहि उरिन भए नीके। गुर रिनु रहा सोचु बड़ जी के॥
सो जनु हमरेहि माथे काढ़ा। दिन चलि गए ब्याज बड़ बाढ़ा॥
अब आनिअ[13] ब्यवहरिआ[14] बोली। तुरत देउँ मैं थैली खोली॥
सुनि कटु बचन कुठार सुधारा। हाय हाय सब सभा पुकारा॥
भृगुबर परसु देखावहु मोही। बिप्र बिचारि बचउँ नृपदोही[15]॥
मिले न कबहुँ सुभट रन गाढ़े[16]। द्विज देवता घरहि के[17] बाढ़े॥
अनुचित कहि सब लोग पुकारे। रघुपति सयनहिं[18] लखनु नेवारे[19]॥

दोहा—लखन उतर आहुति सरिस भृगुबर कोपु कृसानु।
बढ़त देखि जल सम बचन बोले रघुकुल भानु॥ 25॥

1. मृत्यु 2. हाँककर 3. भयंकर 4. वध योग्य 5. बचाया 6. हो गया 7. क्रोधी 8. विश्वामित्र 9. हरियाली, हरा ही हरा सूझ रहा है (मुहावरा) 10. शिव धनुष 11. गन्ना 12. अज्ञानी 13. लाओ 14. साहूकार 15. राजाओं के शत्रु 16. विकट, मज़बूत 17. घर के ही 18. आँखों के संकेत से 19. रोका

नाथ करहु बालक पर छोहु[1]। सूध[2] दूधमुख करिअ न कोहू॥
जौं पै प्रभु प्रभाउ कछु जाना। तौ कि बराबरि करत अयाना[3]॥
जौं लरिका कछु अचगरि करही। गुर पितु मातु मोद मन भरही[4]॥
करिअ कृपा सिसु सेवक जानी। तुम्ह सम सील धीर मुनि ग्यानी॥
राम बचन सुनि कछुक जुड़ाने[5]। कहि कछु लखनु बहुरि[6] मुसुकाने॥
हँसत देखि नख सिख रिस ब्यापी। राम तोर भ्राता बड़ पापी॥
गौर सरीर स्याम मन माही। कालकूट[7] मुख पय[8] मुख नाही॥
सहज टेढ़ अनुहरइ न तोही। नीचु मीचु सम[9] देख न मोही॥

दोहा—लखन कहेउ हँसि सुनहु मुनि क्रोधु पाप कर मूल।
जेहि बस जन अनुचित करहिं चरहिं[10] बिस्व प्रतिकूल॥ 26॥

मैं तुम्हार अनुचर मुनिराया। परिहरि कोपु करिअ अब दाया॥
टूट चाप[11] नहिं जुरिहि[12] रिसाने। बैठिअ होइहिं पाय पिराने[13]॥
जौं अति प्रिय तौ करिअ उपाई। जोरिअ कोउ बड़ गुनी बोलाई॥
बोलत लखनहिं जनकु डेराहीं। मष्ट[14] करहु अनुचित भल नाहीं॥
थर थर काँपहिं पुर नर नारी। छोट कुमार खोट[15] बड़ भारी॥
भृगुपति सुनि सुनि निरभय बानी। रिस[16] तन जरइ होई बल हानी॥
बोले रामहि देइ निहोरा। बचउँ बिचारि बंधु लघु तोरा॥
मनु मलीन तनु सुंदर कैसे। बिष रस भरा कनक घटु जैसे॥

दोहा—सुनि लछिमन बिहसे बहुरि नयन तरेरे[17] राम।
गुर समीप गवने सकुचि परिहरि बानी बाम॥ 27॥

अति बिनीत मृदु सीतल बानी। बोले रामु जोरि जुग पानी॥
सुनहु नाथ तुम्ह सहज सुजाना। बालक बचनु करिअ नहिं काना॥

---

1. दया 2. शुद्ध 3. अज्ञानी 4. मन प्रसन्न होता है 5. ठंडे हुए, शांत हुए 6. फिर 7. विष 8. दूध 9. मृत्यु के समान 10. आचरण करते हैं 11. टूटा धनुष 12. जुड़ेगा 13. दुखने लगे होंगे 14. चुप, मौन 15. दोष, अवगुण 16. क्रोध 17. घुड़का, क्रोध किया

बररै[1] बालकु कु सुभाऊ। इन्हहि न संत बिदूषहिं[2] काऊ॥
तेहिं नाहीं कछु काज बिगारा। अपराधी मैं नाथ तुम्हारा॥
कृपा कोपु बंधु[3] बाँधब गोसाईं। मो पर करिअ दास की नाईं॥
कहिअ बेगि जेहि बिधि रिस जाई। मुनिनायक सोइ करौं उपाई॥
कह मुनि राम जाइ रिस कैसें। अजहुँ अनुज तव चितव अनैसें[4]॥
एहि कें कंठ कुठारु न दीन्हा। तौ मैं काह कोपु करि कीन्हा॥

दोहा—गर्भ स्रवहिं[5] अवनिप[6] रवनि सुनि कुठार गति घोर।
परसु अछत[7] देखउँ जिअत बैरी भूपकिसोर॥ 28॥

बहइ न हाथु[8] दहइ रिस छाती। भा कुठारु कुंठित[9] नृपघाती॥
भयउ बाम[10] बिधि फिरेउ सुभाऊ। मोरे हृदयँ कृपा कसि काऊ॥
आजु दया दुखु दुसह सहावा। सुनि सौमित्रि बिहसि सिरु नावा॥
बाउ[11] कृपा मूरति अनुकूला। बोलत बचन झरत जनु फूला॥
जौं पै कृपाँ जरिहिं मुनि गाता। क्रोध भएँ तनु राख बिधाता॥
देखु जनक हठि बालकु एहू। कीन्ह चहत जड़ जमपुर[12] गेहू॥
बेगि करहु किन आँखिन्ह ओटा। देखत छोट खोट नृपु ढोटा॥
बिहसे लखनु कहा मन माहीं। मूँदें आँखि कतहुँ कोउ नाहीं॥

दोहा—परसुरामु तब राम प्रति बोले उर अति क्रोधु।
संभु सरासनु तोरि सठ करसि हमार प्रबोधु[13]॥ 29॥

बंधु कहइ कटु संमत[14] तोरें। तू छल बिनय करसि कर जोरें॥
करु परितोषु मोर संग्रामा। नाहिं त छाड़ कहाउब रामा॥
छलु तजि करहि समरु सिवद्रोही। बंधु सहित न त मारउँ तोही॥
भृगुपति बकहिं[15] कुठार उठाएँ। मन मुसुकाहिं रामु सिर नाएँ॥

---

1. पागल 2. दोष देना 3. बंधक 4. बुरी 5. गिर जाते हैं 6. पृथ्वी के राजाओं की 7. रहते हुए 8. हाथ नहीं चलता 9. निरर्थक 10. विपरीत 11. हवा 12. मृत्युलोक 13. समझाना 14. सम्मति, सलाह 15. प्रलाप, बकवास

गुनह[1] लखन कर हम पर रोषू। कतहुँ सुधाइहु[2] ते बड़ दोषू॥
टेढ़ जानि सब बंदइ काहू। बक्र[3] चंद्रमहि ग्रसइ न राहू॥
राम कहेउ रिस तजिअ मुनीसा। कर कुठारु आगें यह सीसा॥
जेहिं रिस जाइ करिअ सोइ स्वामी। मोहि जानिअ आपन अनुगामी॥

दोहा—प्रभुहि सेवकहि समरु कस तजहु बिप्रबर रोसु।
बेषु[4] बिलोकें कहेसि कछु बालकहू नहिं दोसु॥ 30॥

देखि कुठार बान धनु धारी। भै लरिकहि रिस बीरु बिचारी॥
नामु जान पै तुम्हहि न चीन्हा। बंस सुभायँ उतरु[5] तेहिं दीन्हा॥
जौं तुम्ह औतेहु[6] मुनि की नाईं। पद रज[7] सिर सिसु धरत गोसाईं॥
छमहु चूक अनजानत[8] केरी। चहिअ बिप्र उर कृपा घनेरी[9]॥
हमहि तुम्हहि सरिबरि कसि नाथा। कहहु न कहाँ चरन कहँ माथा॥
राम मात्र लघु नाम हमारा। परसु सहित बड़ नाम तोहारा॥
देव एकु गुनु धनुष हमारे। नव गुन परम पुनीत तुम्हारे॥
सब प्रकार हम तुम्ह सन हारे। छमहु बिप्र अपराध हमारे॥

दोहा—बार बार मुनि बिप्रबर कहा राम सन राम।
बोले भृगुपति सरुष हसि तहूँ बंधू सम बाम[10]॥ 31॥

निपटहिं[11] द्विज करि जानहि मोही। मैं जस बिप्र सुनावउँ तोही॥
चाप[12] श्रुवा[13] सर आहुति जानू। कोपु मोर अति घोर कृसानू[14]॥
समिधि[15] सेन[16] चतुरंग सुहाई। महा महीप भए पसु आई॥
मैं एहिं परसु काटि बलि दीन्हे। समर जग्य जप कोटिन्ह कीन्हे॥
मोर प्रभाउ बिदित नहिं तोरे। बोलसि निदरि[17] बिप्र के भोरे॥

---

1. गुनाह, अपराध 2. सीधापन 3. टेढ़ा 4. विचित्र रूप 5. उत्तर 6. आते 7. चरणधूलि 8. नहीं जानने वाले 9. बहुत सी 10. प्रतिकूल, खराब 11. निपट, निरा 12. धनुष 13. अग्नि में आहुति देने का पात्र 14. अग्नि 15. समिधा, यज्ञ की लकड़ी 16. सेना 17. अनादर करके

भंजेउ[1] चापु दापु[2] बड़ बाढ़ा। अहमिति[3] मनहुँ जीति जगु ठाढ़ा[4]॥
राम कहा मुनि कहहु बिचारी। रिस अति बड़ि लघु चूक हमारी॥
छुअतहिं टूट पिनाक[5] पुराना। मैं केहि हेतु करौं अभिमाना॥

दोहा—जौं हम निदरहिं बिप्र बदि[6] सत्य सुनहु भृगुनाथ।
तौ अस को जग सुभटु[7] जेहि भय बस नावहिं माथ॥ 32॥

देव दनुज भूपति भट नाना। समबल अधिक होउ बलवाना॥
जौं रन हमहि पचारै[8] कोऊ। लरहिं सुखेन[9] कालु किन होऊ॥
छत्रिय तनु धरि समर सकाना[10]। कुल कलंकु तेहिं पामर[11] आना॥
कहउँ सुभाउ न कुलहि प्रसंसी। कालहु[12] डरहिं न रन रघुबंसी॥
बिप्रबंस कै असि प्रभुताई। अभय होइ जो तुम्हहि डेराई॥
सुनि मृदु गूढ़ बचन रघुपति के। उघरे पटल[13] परसुधर[14] मति के॥
राम रमापति[15] कर धनु लेहू। खैंचहु मिटै मोर संदेहू॥
देत चापु आपुहिं चलि गयऊ। परसुराम मन बिसमय भयऊ॥

दोहा—जाना राम प्रभाउ तब पुलक प्रफुल्लित गात।
जोरि पानि[16] बोले बचन हृदयँ न प्रेमु अमात॥ 33॥

अयोध्या कांड

राम वनगमन

तब सुमंत्र नृप बचन सुनाए। करि बिनती रथ रामु चढ़ाए॥
चढ़ि रथ सीय सहित दोउ भाई। चले हृदयँ अवधहि[17] सिरु नाई॥
चलत रामु लखि अवध अनाथा। बिकल लोग सब लागे साथा॥

---

1. तोड़कर 2. दर्प, अभिमान 3. हम ही हैं 4. खड़े 5. धनुष 6. कहकर, मानकर 7. योद्धा 8. उत्तेजित करे 9. आनन्दपूर्वक 10. सहम गया, डर गया 11. नीच 12. काल से भी 13. आँखें खुल गईं 14. परशुराम 15. विष्णु 16. हाथ 17. अयोध्या को

कृपासिंधु बहुबिधि समुझावहिं। फिरहिं प्रेम बस पुनि फिरि आवहिं॥
लागति अवध भयावनि भारी। मानहुँ कालराति अँधिआरी॥
घोर जंतु सम पुर नर नारी। डरपहिं एकहि एक निहारी[1]॥
घर मसान[2] परिजन जनु भूता। सुत हित[3] मीत मनहुँ जमदूता॥
बागन्ह बिटप[4] बेलि कुम्हिलाही। सरित सरोवर देखि न जाही॥

दोहा—हय गय[5] कोटिन्ह केलिमृग[6] पुरपसु चातक मोर।
पिक[7] रथांग[8] सुक सारिका[9] सारस हंस चकोर॥ 34॥

राम बियोग बिकल सब ठाढ़े। जहँ तहँ मनहुँ चित्र लिखि काढ़े॥
नगरु सफल बनु गहबर[10] भारी। खग मृग बिपुल सकल नर नारी॥
बिधि कैकई किरातिनि[11] कीन्ही। जेहिं दव[12] दुसह दसहुँ दिसि दीन्ही॥
सहि न सके रघुबर बिरहागी[13]। चले लोग सब ब्याकुल भागी॥
सबहिं बिचारु कीन्ह मन माहीं। राम लखन सिय बिनु सुखु नाहीं॥
जहाँ रामु तहँ सबुइ समाजू। बिनु रघुबीर अवध नहिं काजू॥
चले साथ अस मंत्रु दृढ़ाई[14]। सुर दुर्लभ सुख सदन बिहाई[15]॥
राम चरन पंकज प्रिय जिन्हही। बिषय भोग बस करहिं कि तिन्हही॥

दोहा—बालक बृद्ध बिहाइ गृहँ लगे लोग सब साथ।
तमसा[16] तीर निवासु किय प्रथम दिवस रघुनाथ॥ 35॥

रघुपति प्रजा प्रेमबस देखी। सदय हृदयँ दुखु भयउ बिसेषी॥
करुनामय रघुनाथ गोसाँई। बेगि पाइअहिं पीर पराई॥
कहि सप्रेम मृदु बचन सुहाए। बहुबिधि राम लोग समुझाए॥
किए धरम उपदेस घनेरे। लोग प्रेम बस फिरहिं न फेरे॥
सीलु सनेहु छाड़ि नहिं जाई। असमंजस बस भे रघुराई॥

---

1. देखकर 2. श्मशान 3. हितेच्छु 4. वृक्ष 5. हाथी-घोड़े 6. क्रीड़ा के पशु जैसे हिरण आदि 7. कोयल 8. चक्रवाक, चकवा 9. मैना 10. सघन 11. वन्य जाति किरात की स्त्री 12. दावाग्नि 13. वियोगी 14. दृढ़तापूर्वक 15. छोड़कर 16. नदी का नाम

लोग सोग[1] श्रम[2] बस गए सोई। कछुक देवमायाँ मति मोई[3]॥
जबहिं जाम जुग जामिनि बीती। राम सचिव सन कहेउ सप्रीती॥
खोज मारि रथु हाँकहु ताता[4]। आन उपाय[5] बनिहि नहिं बाता॥

दोहा—राम लखन सिय जान चढ़ि संभु चरन सिरु नाइ।
सचिव चलायउ तुरत रथु इत उत[6] खोज दुराइ[7]॥ 36॥

जागे सकल लोग भएँ भोरू[8]। गे रघुनाथ भयउ अति सोरू[9]॥
रथ कर खोज कतहुँ[10] नहिं पावहिं। राम राम कहि चहुँ दिसि धावहिं॥
मनहुँ बारिनिधि[11] बूड़[12] जहाजू। भयउ बिकल बड़ बनिक[13] समाजू॥
एकहि एक देहिं उपदेसू। तजे राम हम जानि कलेसू॥
निंदहिं आपु सराहहिं मीना[14]। धिग जीवनु रघुबीर बिहीना॥
जौं पै प्रिय बियोगु बिधि कीन्हा। तौ कस[15] मरनु[16] न मागें दीन्हा॥
एहि बिधि करत प्रलाप कलापा[17]। आए अवध भरे परितापा॥
बिषम बियोगु न जाइ बखाना। अवधि आस सब राखहिं प्राना॥

दोहा—राम दरस हित नेम ब्रत लगे करन नर नारि।
मनहुँ कोक कोकी[18] कमल दीन बिहीन तमारि[19]॥ 37॥

सीता सचिव सहित दोउ भाई। सृंगबेरपुर पहुँचे जाई॥
उतरे राम देवसरि[20] देखी। कीन्ह दंडवत हरषु बिसेषी॥
लखन सचिव सिय किए प्रनामा। सबहि सहित सुखु पायउ रामा॥
गंग सकल मुद मंगल मूला। सब सुख करनि हरनि सब सूला[21]॥
कहि कहि कोटिक कथा प्रसंगा। रामु बिलोकहिं गंग तरंगा॥
सचिवहि अनुजहि प्रियहि सुनाई। बिबुध[22] नदी महिमा अधिकाई॥

---

1. शोक, दुःख 2. थकान 3. अचेत कर दिया 4. तेज़ 5. अन्य उपाय 6. इधर-उधर 7. छुपाकर 8. भोर 9. शोर 10. कहीं भी 11. समुद्र 12. डूब गया 13. व्यापारी 14. मछली 15. क्यों 16. मरण, मृत्यु 17. कलपते हुए, दुःखी होते हुए 18. चकवा-चकवी 19. अंधकार के शत्रु, सूर्य 20. गंगा 21. कष्ट, दुःख 22. देवता

मज्जनु[1] कीन्ह पंथ श्रम[2] गयऊ। सुचि जलु पिअत मुदित मन भयऊ॥
सुमिरत जाहि मिटइ श्रम भारू[3]। तेहि श्रम यह लौकिक ब्यवहारू॥

दोहा—सुद्ध[4] सच्चिदानंदमय[5] कंद भानुकुल केतु।
चरित करत नर अनुहरत संसृति सागर सेतु॥ 38॥

यह सुधि[6] गुहँ निषाद जब पाई। मुदित लिए प्रिय बंधु बोलाई॥
लिए फल मूल भेंट भरि भारा। मिलन चलेउ हियँ हरषु अपारा॥
करि दंडवत भेंट धरि आगे। प्रभुहि बिलोकत अति अनुरागे॥
सहज सनेह बिबस रघुराई। पूछी कुसल निकट बैठाई॥
नाथ कुसल पद पंकज देखे। भयउँ भागभाजन[7] जन लेखे॥
देव धरनि धनु धामु तुम्हारा। मैं जनु नीचु सहित परिवारा॥
कृपा क़रिअ पुर[8] धारिअ पाऊ[9]। थापिय जनु सबु लोगु सिहाऊ[10]॥
कहेहु सत्य सबु सखा सुजाना। मोहि दीन्ह पितु आयसु आना॥

दोहा—बरष चारिदस बासु बन मुनि ब्रत बेषु अहारु।
ग्राम बासु नहिं उचित सुनि गुहहि[11] भयउ दुखु भारु॥ 39॥

राम लखन सिय रूप निहारी। कहहिं सप्रेम ग्राम नर नारी॥
ते पितु मातु कहहु सखि कैसे। जिन्ह पठए बन बालक ऐसे॥
एक कहहिं भल भूपति कीन्हा। लोयन लाहु[12] हमहि बिधि दीन्हा॥
तब निषादपति उर अनुमाना। तरु सिंसुपा[13] मनोहर जाना॥
लै रघुनाथहिं ठाउँ देखावा। कहेउ राम सब भाँति सुहावा॥
पुरजन करि जोहारु[14] घर आए। रघुबर संध्या करन सिधाए॥
गुहँ सँवारि साँथरी[15] डसाई[16]। कुस किसलयमय मृदुल सुहाई॥
सुचि फल मूल मधुर मृदु जानी। दोना भरि भरि राखेसि पानी॥

1. स्नान 2. मार्ग की थकान 3. भार, कष्ट 4. गुणातीत (सत्, रज, तम—इन तीन गुणों से अलिप्त) 5. सत्, चित् और आनंदमय 6. समाचार 7. भाग्यवान 8. नगर 9. पाँव 10. सराहना 11. निषाद को 12. लोचन लाभ 13. शीशम 14. प्रणाम 15. पत्तों का बिछौना 16. बिछाई

दोहा—सिय सुमंत्र भ्राता सहित कंद मूल फल खाइ।
सयन कीन्ह रघुबंसमनि पाय पलोटत[1] भाइ॥ 40॥

केवट प्रसंग

जासु बियोग बिकल पसु[2] ऐसे। प्रजा मातु पितु जिइहहिं कैसे॥
बरबस[3] राम सुमंत्र पठाए। सुरसरि तीर आपु तब आए॥
मागी नाव न केवट आना। कहइ तुम्हार मरमु मैं जाना॥
चरन कमल रज कहुँ सबु कहई। मानुष करनि मूरि[4] कछु अहई॥
छुअत सिला भइ नारि सुहाई। पाहन तें न काठ कठिनाई॥
तरनिउ[5] मुनि घरिनी[6] होइ जाई। बाट परइ[7] मोरि नाव उड़ाई॥
एहिं प्रतिपालउँ सबु परिवारू। नहिं जानउँ कछु अउर कबारू[8]॥
जौं प्रभु पार अवसि गा चहहू। मोहि पद पदुम[9] पखारन कहहू॥

छंद—पद कमल धोइ चढ़ाइ नाव न नाथ उतराई[10] चहौं।
मोहि राम राउरि आन[11] दसरथ सपथ सब साची कहौं॥
बरु तीर मारहुँ लखनु पै जब लगि न पाय पखारिहौं।
तब लगि न तुलसीदास नाथ कृपाल पारु उतारिहौं॥

सोरठा—सुनि केवट के बैन प्रेम लपेटे अटपटे।
बिहसे करुना ऐन[12] चितइ जानकी लखन तन[13]॥ 41॥

कृपासिंधु बोले मुसुकाई। सोइ करु जेहिं तव नाव न जाई॥
बेगि आनु[14] जल पाय पखारू। होत बिलंबु उतारहि पारू॥
जासु नाम सुमिरत एक बारा। उतरहिं नर भवसिंधु अपारा॥
सोइ कृपालु केवटहि निहोरा[15]। जेहिं जगु किय तिहु[16] पगहु ते थोरा॥

---

1. दबाना 2. पशु 3. जबरन 4. मनुष्य बनाने की जड़ 5. नाव 6. मुनि पत्नी 7. राइ मारी जाए अर्थात् मेरे निर्वाह का मार्ग बंद हो जाए (मुहावरा) 8. धंधा 9. चरण कमल 10. शुल्क, किराया 11. शपथ 12. करुण के आगार 13. ओर 14. लाकर 15. अनुरोध, चिरौरी 16. तीन

पद नख निरखि देवसरि[1] हरषी। सुनि प्रभु बचन मोहँ मति करषी॥
केवट राम रजायसु[2] पावा। पानि कठवता भरि लेइ आवा॥
अति आनंद उमगि अनुरागा। चरन सरोज पखारन लागा॥
बरषि सुमन सुर सकल सिहाहीं[3]। एहि सम पुन्यपुंज कोउ नाहीं॥
दोहा—पद पखारि जलु पान करि आपु सहित परिवार।
पितर[4] पारु करि प्रभुहि पुनि मुदित गयउ लेइ पार॥ 42॥

उतरि ठाढ़ भए सुरसरि रेता। सीय रामु गुह लखन समेता॥
केवट उतरि दंडवत कीन्हा। प्रभुहि सकुच[5] एहि नहिं कछु दीन्हा॥
पिय हिय की सिय जाननिहारी[6]। मनि मुदरी[7] मन मुदित उतारी॥
कहेउ कृपाल लेहि उतराई। केवट चरन गहे अकुलाई॥
नाथ आजु मैं काह न पावा। मिटे दोष दुख दारिद दावा॥
बहुत काल मैं कीन्हि मजूरी। आजु दीन्ह बिधि बनि भलि भूरी॥
अब कछु नाथ न चाहिअ मोरे। दीन दयाल अनुग्रह तोरे॥
फिरती बार[8] मोहि जो देबा। सो प्रसादु मैं सिर धरि लेबा॥
दोहा—बहुत कीन्ह प्रभु लखन सियँ नहिं कछु केवटु लेइ।
बिदा कीन्ह करुनायतन भगति बिमल बरु[9] देइ॥ 43॥

ग्राम वधुओं का प्रसंग

पुनि सियँ राम लखन कर जोरी। जमुनहि कीन्ह प्रनामु बहोरी॥
चले ससीय मुदित दोउ भाई। रबितनुजा[10] कइ करत बड़ाई॥
पथिक अनेक मिलहिं मग जाता। कहहिं सप्रेम देखि दोउ भ्राता॥
राज लखन सब अंग तुम्हारे। देखि सोचु अति हृदय हमारे॥
मारग चलहु पयादेहि[11] पाएँ। ज्योतिषु झूठ हमारे भाएँ॥

---

1. गंगा 2. राजाज्ञा 3. संतोष को प्राप्त करते हैं 4. पूर्वज 5. संकोच करके 6. जानने वाली 7. अँगूठी 8. लौटते समय 9. वरदान 10. यमुना 11. पैदल ही

अगमु पंथु गिरि कानन भारी। तेहि महँ साथ नारि सुकुमारी॥
करि केहरि[1] बन जाइ न जोई। हम सँग चलहिं जो आयसु[2] होई॥
जाब जहाँ लगि तहँ पहुँचाई। फिरब[3] बहोरि तुम्हहि सिरु नाई॥

दोहा—एहि बिधि पूछहिं प्रेम बस पुलक गात जलु नैन।
कृपासिंधु फेरहिं[4] तिन्हहि कहि बिनीत मृदु बैन॥ 44॥

जे पुर गाँव बसहिं मग माहीं। तिन्हहि नाग सुर नगर सिहाहीं[5]॥
केहि सुकृतीं केहि घरीं बसाए। धन्य पुन्यमय परम सुहाए॥
जहँ जहँ राम चरन चलि जाहीं। तिन्ह समान अमरावति[6] नाहीं॥
पुन्यपुंज[7] मग निकट निवासी। तिन्हहि सराहहिं सुरपुरबासी॥
जे भरि नयन बिलोकहिं रामहि। सीता लखन सहित घनस्यामहि॥
जे सर सरित राम अवगाहहिं[8]। तिन्हहि देव सर[9] सरित सराहहिं॥
जेहि तरु तर प्रभु बैठहिं जाई। करहिं कलपतरु तासु बड़ाई॥
परसि राम पद पदुम परागा। मानति भूमि भूरि निज भागा॥

दोहा—छाँह करहिं घन[10] बिबुध[11] गन बरषहिं सुमन सिहाहिं।
देखत गिरि बन बिहग मृग रामु चले मग जाहिं॥ 45॥

सीता लखन सहित रघुराई। गाँव निकट जब निकसहिं जाई॥
सुनि सब बाल बृद्ध नर नारी। चलहिं तुरत गृह काजु बिसारी॥
राम लखन सिय रूप निहारी। पाइ नयन फलु होहिं सुखारी॥
सजल बिलोचन पुलक सरीरा। सब भए मगन देखि दोउ बीरा[12]॥
बरनि न जाइ दसा तिन्ह केरी। लहि जनु रंकन्ह[13] सुरमनि ढेरी॥
एकन्ह एक बोलि सिख देहीं। लोचन लाहु लेहु छन एहीं॥

---

1. हाथी, शेर 2. भाला 3. लौट आएँगे 4. लौटा देते हैं 5. ललचाते हैं, स्पृहा करते हैं 6. देवताओं का स्थान 7. पुण्य समूह 8. स्नान करते हैं 9. मानसरोवर 10. धन, बादल 11. देवता 12. भाई 13. रंकों को, गरीबों को

रामहि देखि एक अनुरागे। चितवत चले जाहिं सँग लागे॥
एक नयन मग छबि उर आनी। होहिं सिथिल तन मन बर बानी॥

दोहा—एक देखि बट छाँह भलि डासि[1] मृदुल तृन पात।
कहहिं गवाँइअ[2] छिनुकु श्रमु गवनब अबहिं कि प्रात॥ 46॥

एक कलस भरि आनहिं पानी। अँचइअ[3] नाथ कहहिं मृदु बानी॥
सुनि प्रिय बचन प्रीति अति देखी। राम कृपाल सुसील बिसेषी॥
जानी श्रमित[4] सीय मन माहीं। घरिक बिलंबु कीन्ह बट छाहीं॥
मुदित नारि नर देखहिं सोभा। रूप अनूप नयन मनु लोभा॥
एकटक सब सोहहिं चहुँ ओरा। रामचंद्र मुख चंद चकोरा॥
तरुन तमाल[5] बरन तनु सोहा। देखत कोटि मदन मनु मोहा॥
दामिनि[6] बरन लखन सुठि नीके। नख सिख सुभग भावते जी के॥
मुनि पट कटिन्ह[7] कसें तूनीरा[8]। सोहहिं कर कमलनि धनु तीरा॥

दोहा—जटा मुकुट सीसनि सुभग उर भुज नयन बिसाल।
सरद परब[9] बिधु बदन बर लसत[10] स्वेद कन जाल॥ 47॥

बरनि न जाइ मनोहर जोरी। सोभा बहुत थोरि[11] मति मोरी॥
राम लखन सिय सुंदरताई। सब चितवहिं चित मन मति लाई॥
थके नारि नर प्रेम पिआसे। मनहुँ मृगी मृग देखि दिआ से[12]॥
सीय समीप ग्रामतिय जाहीं। पूछत अति सनेहँ सकुचाहीं॥
बार बार सब लागहिं पाएँ। कहहिं बचन मृदु सरल सुभाएँ॥
राजकुमारि बिनय हम करहीं। तिय सुभायँ कछु पूछत डरहीं॥
स्वामिनि अबिनय छमबि हमारी। बिलगु न मानब जानि गवाँरी॥
राजकुअँर दोउ सहज सलोने। इन्ह तें लही दुति मरकत[13] सोने॥

---

1. बिछाते हैं 2. दूर कर लो 3. आचमन करो 4. थकी हुई 5. वृक्ष 6. बिजली 7. कमर पर 8. तूणीर 9. पर्व 10. सुशोभित होते हैं 11. थोड़ी, कम 12. दीप्ति, प्रकाश की चकाचौंध 13. पन्ना, हरे रंग की मणि

दोहा—स्यामल गौर किसोर बर सुंदर सुषमा ऐन[1]।
सरद सर्बरीनाथ[2] मुखु सरद सरोरुह नैन॥ 48॥

कोटि मनोज लजावनिहारे[3]। सुमुखि कहहु को आहिं[4] तुम्हारे॥
सुनि सनेहमय मंजुल[5] बानी। सकुची सिय मन महुँ मुसुकानी॥
तिन्हहि बिलोकि बिलोकति धरनी। दुहुँ सकोच सकुचति बरबरनी[6]॥
सकुचि सप्रेम बाल मृग नयनी। बोली मधुर बचन पिकबयनी[7]॥
सहज सुभाय सुभग तन गोरे। नामु लखनु लघु देवर मोरे॥
बहुरि बदनु बिधु अंचल ढाँकी। पिय तन चितइ[8] भौंह करि बाँकी॥
खंजन मंजु तिरीछे नयननि। निज पति कहेउ तिन्हहि सियँ सयननि॥
भईं मुदित सब ग्रामबधूटीं। रंकन्ह राय रासि जनु लूटीं॥

दोहा—अति सप्रेम सिय पाँय परि बहुबिधि देहिं असीस।
सदा सोहागिनि होहु तुम्ह जब लगि महि अहि[9] सीस॥ 49॥

पारबती सम पतिप्रिय होहू। देबि न हम पर छाड़ब छोहू[10]॥
पुनि पुनि बिनय करिअ कर जोरी। जौं एहि मारग फिरिअ बहोरी॥
दरसनु देब जानि निज दासी। लखीं सीय सब प्रेम पिआसी॥
मधुर बचन कहि कहि परितोषी। जनु कुमुदिनी कौमुदी[11] पोषी॥
तबहिं लखन रघुबर रुख जानी। पूछेउ मगु लोगन्हि मृदु बानी॥
सुनत नारि नर भए दुखारी। पुलकित गात बिलोचन बारी[12]॥
मिटा मोदु मन भए मलीने। बिधि निधि दीन्ह लेत जनु छीने॥
समुझि करम गति धीरजु कीन्हा। सोधि सुगम मगु तिन्ह कहि दीन्हा॥

दोहा—लखन जानकी सहित तब गवनु कीन्ह रघुनाथ।
फेरे[13] सब प्रिय बचन कहि लिए लाइ मन साथ॥ 50॥

---

1. अयन, भंडार 2. शरद पूर्णिमा की रात्रि का चंद्रमा 3. लजानेवाले 4. ये 5. सुंदर 6. पति का वर्णन या बातचीत 7. कोयल जैसी वाणी वाली 8. देखकर 9. शेषनाग 10. कृपा, प्रेम 11. चंद्रमा 12. वारि, जल 13. लौटाया

फिरत नारि नर अति पछिताहीं। दैअहि दोषु देहिं मन माहीं॥
सहित बिषाद परसपर कहहीं। बिधि करतब उलटे सब अहहीं॥
निपट निरंकुस निठुर निसंकू। जेहिं ससि कीन्ह सरुज[1] सकलंकू॥
रूख[2] कलपतरु सागरु खारा। तेहिं[3] पठए बन राजकुमारा॥
जौं पै इन्हहि दीन्ह बनबासू। कीन्ह बादि[4] बिधि भोग बिलासू॥
ए बिचरहिं मग बिनु पदत्राना[5]। रचे बादि बिधि बाहन नाना॥
ए महि परहिं डासि कुस पाता। सुभग सेज कत सृजत बिधाता॥
तरुबर बास इन्हहि बिधि दीन्हा। धवल धाम[6] रचि रचि श्रमु कीन्हा॥

दोहा—जौं ए मुनि पट धर जटिल सुंदर सुठि सुकुमार।
बिबिध भाँति भूषन बसन बादि किए करतार॥ 51॥

जौं ए कंदमूल फल खाहीं। बादि सुधादि असन[7] जग माहीं॥
एक कहहिं ए सहज सुहाए। आपु प्रगट भए बिधि न बनाए॥
जहँ लगि बेद कही बिधि करनी। श्रवन नयन मन गोचर बरनी॥
देखहु खोजि भुअन दस चारी[8]। कहँ अस पुरुष कहाँ असि नारी॥
इन्हहि देखि बिधि मनु अनुरागा। पटतर[9] जोग बनावै लागा॥
कीन्ह बहुत श्रम एक न आए। तेहिं इरिषा बन आनि दुराए[10]॥
एक कहहिं हम बहुत न जानहिं। आपुहि परम धन्य करि मानहिं॥
ते पुनि पुन्यपुंज हम लेखे। जे देखहिं देखिहहिं जिन्ह देखे॥

दोहा—एहि बिधि कहि कहि बचन प्रिय लेहिं नयन भरि नीर।
किमि चलिहहिं मारग अगम सुठि[11] सुकुमार सरीर॥ 52॥

नारि सनेह बिकल बस होहीं। चकईं साँझ समय जनु सोहीं॥
मृदु पद कमल कठिन मगु जानी। गहबरि[12] हृदयँ कहहिं बर बानी॥
परसत मृदुल चरन अरुनारे। सकुचति महि[13] जिमि हृदय हमारे॥

---

1. क्षतियुक्त 2. वृक्ष 3. उसने 4. व्यर्थ 5. पदत्राण, जूते 6. स्वच्छ महल 7. भोजन 8. चौदह 9. सदृश 10. छिपाए 11. सुंदर 12. भाव संकुल होकर, गद्गद होकर 13. पृथ्वी

जौं जगदीस इन्हहि बनु दीन्हा। कस न सुमनमय मारगु कीन्हा॥
जौं मागा पाइअ बिधि पाहीं। ए रखिअहिं सखि आँखिन्ह माहीं॥
जे नर नारि न अवसर आए। तिन्ह सिय रामु न देखन पाए॥
सुनि सुरूपु बूझहिं अकुलाई। अब लगि गए कहाँ लगि भाई॥
समरथ[1] धाइ बिलोकहिं जाई। प्रमुदित फिरहिं जनमफलु पाई॥

दोहा—अबला बालक बृद्ध जन कर मीजहिं[2] पछिताहिं।
होहिं प्रेमबस लोग इमि रामु जहाँ जहँ जाहिं॥ 53॥

गाँव गाँवअस होइ अनंदू। देखि भानुकुल कैरव चंदू[3]॥
जे कछु समाचार सुनि पावहिं। ते नृप रानिहि दोसु लगावहिं॥
कहहिं एक अति भल नरनाहू। दीन्ह हमहि जोइ लोचन लाहू॥
कहहिं परसपर लोग लोगाईं। बातें सरल सनेह सुहाईं॥
ते पितु मातु धन्य जिन्ह जाए[4]। धन्य सो नगरु जहाँ तें आए॥
धन्य सो देसु सैलु[5] बन गाऊँ[6]। जहँ-जहँ जाहिं धन्य सोइ ठाऊँ॥
सुखु पायउ बिरंचि रचि तेही। ए जेहि के सब भाँति सनेही॥
राम लखन पथि कथा सुहाई। रही सकल मग[7] कानन छाई॥

दोहा—एहि बिधि रघुकुल कमल रबि मग लोगन्ह सुख देत।
जाहिं चले देखत बिपिन[8] सिय सौमित्रि समेत॥ 54॥

आगे रामु लखनु बने पाछें। तापस बेष बिराजत काछें[9]॥
उभय[10] बीच सिय सोहति कैसे। ब्रह्म जीव बिच माया जैसे॥
बहुरि कहउँ छबि जसि मन बसई। जनु मधु[11] मदन मध्य रति लसई[12]॥
उपमा बहुरि कहउँ जियँ जोही। जनु बुध बिधु[13] बिच रोहिनि[14] सोही॥
प्रभु पद रेख बीच बिच सीता। धरति चरन मग चलति सभीता॥

---

1. समर्थ 2. हाथ मलते हैं, पछताते हैं (मुहावरा) 3. सूर्यवंश रूपी कुमुदिनी के चंद्रमा 4. पैदा किए 5. पर्वत 6. गाँव 7. मार्ग 8. जंगल 9. कसे हुए, पहने हुए 10. दोनों 11.वसंत 12. शोभित होती है 13. चंद्रमा और बुध 14. रोहिणी

सीय राम पद अंक बराए[1]। लखन चलहिं मगु दाहिन लाए॥
राम लखन सिय प्रीति सुहाई। बचन अगोचर किमि कहि जाई॥
खग मृग मगन देखि छबि होही। लिए चोरि चित राम बटोही[2]॥

दोहा—जिन्ह जिन्ह देखे पथिक प्रिय सिय समेत दोउ भाइ।
भव मगु अगमु अनंदु तेइ बिनु श्रम रहे सिराइ[3]॥ 55॥

अजहुँ[4] जासु उर सपनेहुँ काऊ। बसहुँ लखनु सिय रामु बटाऊ॥
राम धाम पथ पाइहि सोई। जो पथ पाव कबहुँ मुनि कोई॥
तब रघुबीर श्रमित[5] सिय जानी। देखि निकट बटु[6] सीतल पानी॥
तहँ बसि कंद मूल फल खाई। प्रात नहाइ चले रघुराई॥
देखत बन सर सैल सुहाए। बालमीकि आश्रम प्रभु आए॥
राम दीख मुनि बासु सुहावन। सुंदर गिरि काननु जलु पावन॥
सरनि[7] सरोज बिटप बन फूले। गुंजत मंजु मधुप रस भूले॥
खग मृग बिपुल कोलाहल करहीं। बिरहित[8] बैर मुदित मन चरहीं॥

दोहा—सुचि सुंदर आश्रमु निरखि हरषे राजिवनेन।
सुनि रघुबर आगमनु मुनि आगें आयउ लेन[9]॥ 56॥

भरत को चरण पादुका

भोर न्हाइ सबु जुरा[10] समाजू। भरत भूमिसुर[11] तेरहुति राजू[12]॥
भल दिन आजु जानि मन माहीं। रामु कृपाल कहत सकुचाहीं॥
गुर नृप भरत सभा अवलोकी। सकुचि राम फिरि अवनि बिलोकी॥
सील सराहि सभा सब सोची। कहुँ न राम सम स्वामि सँकोची॥
भरत सुजान राम रुख देखी। उठि सप्रेम धरि धीर बिसेषी॥
करि दंडवत कहत कर जोरी। राखीं नाथ सकल रुचि मोरी॥

1. बचाकर 2. पथिक 3. मुक्त हो गए 4. आजकल भी 5. थकी हुई 6. वट 7. तालाबों में 8. भुलाकर 9. लेने 10. एकत्र 11. ब्राह्मण 12. राजा जनक

मोहि लगि सहेउ सबहिं संतापू[1]। बहुत भाँति दुखु पावा आपू॥
अब गोसाइँ मोहि देउ रजाई[2]। सेवौं अवध अवधि भरि जाई॥

दोहा—जेहिं उपाय पुनि पाय जनु देखै दीनदयाल।
सो सिख[3] देइअ अवधि लगि कोसलपाल कृपाल॥ 57॥

पुरजन परिजन प्रजा गोसाईं। सब सुचि[4] सरस सनेहँ सगाईं[5]॥
राउर बदि[6] भल भव दुख दाहू। प्रभु बिनु बादि[7] परम पद लाहू॥
स्वामि सुजानु जानि सब ही की। रुचि लालसा रहनि जन जी की॥
प्रनतपालु पालिहि सब काहू। देउ दुहू दिसि[8] ओर निबाहू॥
अस मोहि सब बिधि भूरि भरोसो। किए बिचारु न सोचु खरो सो[9]॥
आरति मोर नाथ कर छोहू[10]। दुहुँ मिलि कीन्ह ढीठु हठि मोहू॥
यह बड़ दोषु दूरि करि स्वामी। तजि सकोच सिखइअ अनुगामी॥
भरत बिनय सुनि सबहिं प्रसंसी। खीर नीर बिबरन[11] गति हंसी॥

दोहा—दीनबंधु सुनि बंधु के वचन दीन छलहीन।
देस काल अवसर सरिस बोले रामु प्रबीन॥ 58॥

तात तुम्हारि मोरि परिजन की। चिंता गुरहि नृपहि घर बन की॥
माथे पर गुर मुनि मिथिलेसू[12]। हमहि तुम्हहि सपनेहूँ न कलेसू॥
मोर तुम्हार परम पुरुषारथु। स्वारथु सुजसु धरमु परमारथु॥
पितु आयसु[13] पालिहिं दुहु भाई। लोक बेद भल भूप भलाई॥
गुर पितु मातु स्वामि सिख पालें। चलेहुँ कुमग पग परहिं न खालें[14]॥
अस बिचारि सब सोच बिहाई[15]। पालहु अवध अवधि भरि जाई॥
देसु कोसु[16] परिजन परिवारू। गुर पद रजहिं लाग छरु[17] भारू॥
तुम्ह मुनि मातु सचिव सिख मानी। पालेहु पुहुमि[18] प्रजा रजधानी॥

---

1. दुःख, कष्ट 2. आज्ञा, सहमति 3. शिक्षा 4. सच्चा 5. संबंध 6. आपका कहना मान लेने से 7. व्यर्थ 8. दोनों दिशाओं, लोक-परलोक 9. थोड़ा भी सच्चा 10. दया 11. अलग करने वाली 12. जनक 13. आज्ञा 14. दूषित 15. छोड़कर 16. कोष, खजाना 17. बड़ा 18. पृथ्वी

दोहा—मुखिआ मुखु सो चाहिए खान पान कहुँ एक।
पालइ पोषइ सकल अँग तुलसी सहित बिबेक॥ 59॥

राजधरम सरबसु[1] एतनोई। जिमि मन माहँ मनोरथ गोई[2]॥
बंधु प्रबोधु कीन्ह बहु भाँती। बिनु अधार मन तोषु[3] न साँती[4]॥
भरत सील गुर सचिव समाजू। सकुच सनेह बिबस रघुराजू॥
प्रभु करि कृपा पाँवरीं[5] दीन्हीं। सादर भरत सीस धरि लीन्हीं॥
चरनपीठ[6] करुनानिधान के। जनु जुग जामिक[7] प्रजा प्रान के॥
संपुट[8] भरत सनेह रतन के। आखर जुग[9] जनु जीव जतन के॥
कुल कपाट कर कुसल करम के। बिमल नयन सेवा सुधरम के॥
भरत मुदित अवलंब लहे तें। अस सुख जस सिय रामु रहे तें॥
दोहा—माँगेउ बिदा प्रनामु करि राम लिए उर लाइ।
लोग उचाटे[10] अमरपति[11] कुटिल कुअवसरु पाइ॥ 60॥

सो कुचालि[12] सब कहँ भइ नीकी। अवधि आस सम जीवनि जी की॥
नतरु[13] लखन सिय राम बियोगा। हहरि[14] मरत सब लोग कुरोगा॥
रामकृपाँ अवरेब[15] सुधारी। बिबुध धारि भइ गुनद[16] गोहारी॥
भेंटत भुज भरि भाइ भरत सो। राम प्रेम रसु न कहि न परत सो॥
तन मन बचन उमग अनुरागा। धीर धुरंधर धीरजु त्यागा॥
बारिज लोचन मोचत[17] बारी। देखि दसा सुर सभा दुखारी॥
मुनिगन गुर धुर धीर जनक से। ग्यान अनल मन कसें कनक से॥
जे बिरंचि निरलेप उपाए। पदुम पत्र[18] जिमि जग जल जाए॥
दोहा—तेउ[19] बिलोकि रघुबर भरत प्रीति अनूप अपार।
भए मगन मन तन बचन सहित बिराग बिचार॥ 61॥

---

1. सर्वस्व, सार 2. गुप्त रहते हैं, छिपे रहते हैं 3. संतोष 4. शांति 5. खड़ाऊँ 6. खड़ाऊँ 7. यामिक, पहरेदार 8. संदूक 9. दो अक्षर—रकार और मकार अर्थात् राम 10. उचाट, विचलित 11. इंद्र 12. उच्चाटन, कुचाल 13. नहीं तो 14. घबराया 15. उलझन, असमंजस 16. गुणदायक 17. बह निकला 18. कमल पत्र 19. वे

जहाँ जनक गुरु गति मति भोरी[1]। प्राकृत[2] प्रीति कहत बड़ि खोरी[3]॥
बरनत रघुबर भरत बियोगू। सुनि कठोर कबि जानिहि लोगू॥
सो सकोच रसु अकथ[4] सुबानी। समउ सनेहु सुमिरि सकुचानी॥
भेंटि भरतु रघुबर समुझाए। पुनि रिपुदवनु[5] हरषि हियँ लाए॥
सेवक सचिव भरत रुख पाई। निज निज काज लगे सब जाई॥
सुनि दारुन दुखु दुहूँ समाजा। लगे चलन के साजन साजा॥
प्रभु पद पदुम[6] बंदि दोउ भाई। चले सीस धरि राम रजाई[7]॥
मुनि तापस बनदेव निहोरी[8]। सब सनमानि बहोरि बहोरि[9]॥
दोहा—लखनहि भेंटि प्रनामु करि सिर धरि सिय पद धूरि[10]।
चले सप्रेम असीस सुनि सकल सुमंगल मूरि॥ 62॥

सानुज राम नृपहि सिर नाई[11]। कीन्हि बहुत बिधि बिनय बड़ाई॥
देव दया बस बड़ दुखु पायउ। सहित समाज काननहिं[12] आयउ॥
पुर[13] पगु धारिअ देइ असीसा। कीन्ह धीर धरि गवनु महीसा[14]॥
मुनि महिदेव साधु सनमाने। बिदा किए हरि हर[15] सम जाने॥
सासु समीप गए दोउ भाई। फिरे बंदि पग[16] आसिष पाई॥
कौसिक बामदेव जाबाली। पुरजन परिजन सचिव सुचाली[17]॥
जथा जोगु करि बिनय प्रनामा। बिदा किए सब सानुज रामा॥
नारि पुरुष लघु मध्य बड़ेरे। सब सनमानि कृपानिधि फेरे॥
दोहा—भरत मातु पद बंदि प्रभु सुचि सनेहँ मिलि भेंटि।
बिदा कीन्ह सजि पालकी सकुच सोच सब मेटि॥ 63॥

परिजन मातु पितहि मिलि सीता। फिरी[18] प्रानप्रिय प्रेम पुनीता॥
करि प्रनामु भेंटीं सब सासू। प्रीति कहत कबि हियँ न हुलासू[19]॥

---

1. भ्रमित होती है, चकराती है 2. साधारण 3. दोष 4. कहने में असमर्थ 5. शत्रुघ्न 6. प्रभु के चरण कमल 7. आज्ञा 8. प्रार्थना या विनती की 9. बार-बार 10. सीता के चरणों की धूल 11. प्रणाम किया 12. वन में 13. जनकपुर 14. महीश, राजा 15. विष्णु और महादेव 16. चरण वंदना 17. श्रेष्ठ चाल चलन वाले 18. लौटी 19. प्रसन्न

सुनि सिख[1] अभिमत आसिष पाई। रही सीय दुहु प्रीति समाई॥
रघुपति पटु पालकीं मगाईं। करि प्रबोध सब मातु चढ़ाईं॥
बार बार हिलि मिलि दुहु भाईं। सम सनेहँ जननीं पहुँचाईं॥
साजि बाजि गज बाहन नाना। भरत भूप दल कीन्ह पयाना॥
हृदयँ रामु सिय लखन समेता। चले जाहिं सब लोग अचेता॥
बसह बाजि गज पसु हियँ हारे। चले जाहिं परबस मन मारे॥
दोहा—गुर गुरतिय[2] पद बंदि प्रभु सीता लखन समेत।
फिरे हरष बिसमय सहित आए परन निकेत[3]॥ 64॥

अरण्य कांड

सीता हरण

खल[4] बधि तुरत फिरे रघुबीरा। सोह चाप[5] कर कटि तूनीरा॥
आरत[6] गिरा[7] सुनी जब सीता। कह लछिमन सन परम सभीता॥
जाहु बेगि संकट अति भ्राता। लछिमन बिहसि कहा सुनु माता॥
भृकुटि बिलास सृष्टि लय होई। सपनेहुँ संकट परइ कि सोई[8]॥
मरम[9] बचन जब सीता बोला। हरि प्रेरित लछिमन मन डोला॥
बन दिसि[10] देव सौंपि सब काहू। चले जहाँ रावन ससि राहू[11]॥
सून[12] बीच दसकंधर देखा। आवा निकट जती[13] कें बेषा॥
जाकें डर सुर असुर डेराहीं[14]। निसि न नीद दिन अन्न न खाहीं॥
सो दससीस स्वान[15] की नाईं। इत उत चितइ चला भड़िहाईं[16]॥
इमि कुपंथ पग देत खगेसा[17]। रह न तेज तन बुधि बल लेसा[18]॥
नाना बिधि करि कथा सुहाई। राजनीति भय प्रीति देखाई॥

---

1. सीख 2. गुरुपत्नी 3. पर्णकुटि 4. दुष्ट (मारीच) 5. धनुष 6. दु:ख 7. वाणी 8. वह 9. मार्मिक, कठोर 10. दिशाओं 11. रावण रूपी चंद्रमा का राहु 12. एकांत 13. यति, संन्यासी 14. भयभीत होते हैं 15. कुत्ता 16. चुराकर, भाँडों में मुँह मारना (मुहावरा) 17. गरुड़ 18. लेशमात्र भी

कह सीता सुनु जती गोसाईं। बोलेहु बचन दुष्ट की नाईं॥
तब रावन निज रूप देखावा। भई सभय जब नाम सुनावा॥
कह सीता धरि धीरजु गाढ़ा[1]। आइ गयउ प्रभु रहु खल ठाढ़ा॥
जिमि हरिबधुहि[2] छुद्र[3] सस[4] चाहा। भएसि कालबस निसिचर नाहा॥
सुनत बचन दससीस रिसाना[5]। मन महुँ चरन बंदि सुख माना॥

दोहा—क्रोधवंत तब रावन लीन्हिसि रथ बैठाइ।
चला गगनपथ आतुर भयँ रथ हाँकि न जाइ॥ 65॥

हा जग एक बीर रघुराया। केहिं अपराध बिसारेहु दाया[6]॥
आरति हरन[7] सरन सुखदायक। हा रघुकुल सरोज दिननायक[8]॥
हा लछिमन तुम्हार नहिं दोसा। सो फलु पायउँ कीन्हेउँ रोसा॥
बिबिध बिलाप करति बैदेही। भूरि कृपा प्रभु दूरि सनेही॥
बिपति मोरि को प्रभुहि सुनावा। पुरोडास[9] चह रासभ[10] खावा॥
सीता कै बिलाप सुनि भारी। भए चराचर जीव दुखारी॥
गीधराज सुनि आरत बानी। रघुकुलतिलक नारि पहिचानी॥
अधम निसाचर लीन्हें जाई। जिमि मलेच्छ बस कपिला गाई॥
सीते पुत्रि करसि जनि त्रासा[11]। करिहउँ जातुधान[12] कर नासा॥
धावा क्रोधवंत खग कैसे। छूटइ पबि[13] परबत कहुँ जैसे॥
रे रे दुष्ट ठाढ़ किन हो ही। निर्भय चलेसि न जानेहि मोही॥
आवत देखि कृतांत[14] समाना। फिरि दसकंधर कर अनुमाना॥
की मैनाक[15] कि खगपति[16] होई। मम बल जान सहित पति सोई॥
जाना जरठ[17] जटायू एहा। मम कर तीरथ छाँड़िहि देहा॥
सुनत गीध क्रोधातुर धावा। कह सुनु रावन मोर सिखावा॥
तजि जानकिहि कुसल गृह जाहू। नाहिं त अस होइहि बहुबाहू[18]॥

---

1. गंभीर 2. सिंह की वधु को 3. क्षुद्र 4. खरगोश 5. क्रोधित हुआ 6. दया 7. दुःख हरने वाले 8. सूर्य 9. आटे का बना पकवान, जो यज्ञ आदि में प्रसाद के स्वरूप रखा जाता है 10. गधा 11. भय 12. राक्षस 13. वज्र 14. यमराज 15. पर्वत 16. गरुड़ 17. वृद्ध 18. अनेक बाँहों वाले

राम रोष पावक अति घोरा। होइहि सकल सलभ[1] कुल तोरा॥
उतरु न देत दसानन जोधा। तबहिं गीध धावा करि क्रोधा॥
धरि कच[2] बिरथ कीन्ह महि गिरा। सीतहि राखि गीध पुनि फिरा॥
चोचन्ह मारि बिदारेसि[3] देही। दंड एक भइ मुरुछा तेही॥
तब सक्रोध निसिचर खिसिआना। काढ़ेसि परम कराल[4] कृपाना॥
काटेसि पंख परा खग धरनी। सुमिरि राम करि अदभुत करनी॥
सीतहि जान चढ़ाइ बहोरी। चला उताइल त्रास न थोरी॥
करति बिलाप जाति नभ सीता। ब्याध[5] बिबस जनु मृगी सभीता॥
गिरि पर बैठे कपिन्ह निहारी। कहि हरि नाम दीन्ह पट डारी॥
एहि बिधि सीतहि सो लै गयऊ। बन असोक महँ राखत भयऊ॥

दोहा—हारि परा खल बहु बिधि भय अरु प्रीति देखाइ।
तब असोक पादप तर राखिसि जतन कराइ॥ 66(क)॥
जेहि बिधि कपट कुरंग सँग धाइ चले राम।
सो छबि सीता राखि उर रटति रहति हरि नाम॥ 66(ख)॥

रघुपति अनुजहि आवत देखी। बाहिज[6] चिंता कीन्हि बिसेषी॥
जनकसुता परिहरिहु अकेली। आयहु तात बचन मम पेली[7]॥
निसिचर निकर[8] फिरहिं बन माहीं। मम मन सीता आश्रम नाहीं॥
गहि पद कमल अनुज कर जोरी। कहेउ नाथ कछु मोहि न खोरी॥
अनुज समेत गए प्रभु तहवाँ[9]। गोदावरि तट आश्रम जहवाँ[10]॥
आश्रम देखि जानकी हीना। भए बिकल जस प्राकृत[11] दीना॥
हा गुन खानि जानकी सीता। रूप सील ब्रत नेम पुनीता॥
लछिमन समुझाए बहु भाँति। पूछत चले लता तरु पाँती[12]॥
हे खग मृग हे मधुकर श्रेनी। तुम्ह देखी सीता मृगनैनी॥

---

1. पतंगा 2. बाल 3. विदीर्ण कर दिया, चीर दिया 4. भयंकर 5. शिकारी 6. बाह्य रूप से 7. अवज्ञा, उल्लंघन 8. समूह 9. वहाँ 10. जहाँ 11. प्रकृत, सामान्य 12. पंक्ति

खंजन सुक कपोत मृग मीना। मधुप निकर कोकिला प्रबीना॥
कुंद कली[1] दाड़िम दामिनी। कमल सरद ससि अहिभामिनी॥
बरुन पास मनोज धनु हंसा। गज केहरि निज सुनत प्रसंसा॥
श्री फल कनक कदलि हरषाहीं। नेकु न संक सकुच मन माहीं॥
सुनु जानकी तोहि बिनु आजू। हरषे सकल पाइ जनु राजू॥
किमि सहि जात अनख[2] तोहि पाहीं। प्रिया बेगि प्रगटसि कस नाहीं॥
एहि बिधि खोजत बिलपत स्वामी। मनहुँ महा बिरही अति कामी॥
पूरनकाम राम सुख रासी। मनुजचरित कर अज अबिनासी॥
आगे परा गीधपति देखा। सुमिरत राम चरन जिन्ह रेखा॥

दोहा—कर सरोज, सिर परसेउ[3] कृपासिंधु रघुबीर।
निरखि राम छबि धाम मुख बिगत भई[4] सब पीर॥ 67॥

तब कह गीध बचन धरि धीरा। सुनहु राम भंजन भव भीरा[5]॥
नाथ दसानन यह गति कीन्ही। तेहिं खल जनकसुता हरि लीन्ही॥
लै दच्छिन दिसि गयउ गोसाईं। बिलपति अति कुररी[6] की नाईं॥
दरस लाग प्रभु राखेउँ प्राना। चलन चहत अब कृपानिधाना॥
राम कहा तनु राखहु ताता। मुख मुसुकाइ कही तेहिं बाता॥
जाकर नाम मरत मुख आवा। अधमउ मुकुत होइ श्रुति गावा॥
सो मम लोचन गोचर[7] आगे। राखौं देह नाथ केहि खाँगे[8]॥
जल भरि नयन कहहिं रघुराई। तात कर्म निज तें गति पाई॥
परहित बस जिन्ह के मन माहीं। तिन्ह कहुँ जग दुर्लभ कछु नाहीं॥
तनु निज तात जाहु मम धामा। देउँ काह तुम्ह पूरनकामा॥
दोहा—सीता हरन तात जनि[9] कहहु पिता सन जाइ।
जौं मैं राम त कुल सहित कहिहि दसानन आइ॥ 68॥

---

1. बेले की कलियाँ 2. अमर्ष, अनादर 3. स्पर्श किया 4. खत्म हो गई 5. संसार की पीड़ा 6. पक्षी का नाम 7. दृश्यमान 8. कभी 9. मत

शबरी प्रसंग

सापत[1] ताड़त[2] परुष[3] कहंता। बिप्र पूज्य अस गावहिं संता॥
पूजिअ बिप्र सील गुन हीना। सूद्र न गुन गन ग्यान प्रबीना॥
कहि निज धर्म ताहि समुझावा। निज पद प्रीति देखि मन भावा॥
रघुपति चरन कमल सिरु नाई। गयउ गगन आपनि गति पाई॥
ताहि देइ गति राम उदारा। सबरी के आश्रम पगु धारा॥
सबरी देखि राम गृह आए। मुनि के बचन समुझि जिय भाए॥
सरसिज लोचन बाहु बिसाला। जटा मुकुट सिर उर बनमाला॥
स्याम गौर सुंदर दोउ भाई। सबरी परी[4] चरन लपटाई॥
प्रेम मगन मुख बचन न आवा। पुनि पुनि पद सरोज सिर नावा॥
सादर जल लै चरन पखारे। पुनि सुंदर आसन बैठारे॥

दोहा—कंद मूल फल सुरस अति दिए राम कहुँ आनि।
प्रेम सहित प्रभु खाए बारंबार बखानि॥ 69॥

पानि[5] जोरि आगे भइ ठाढ़ी। प्रभुहि बिलोकि प्रीति अति बाढ़ी॥
केहि बिधि अस्तुति करौं तुम्हारी। अधम जाति मैं जड़मति[6] भारी॥
अधम ते अधम अधम अति नारी। तिन्ह महँ मैं मतिमंद अघारी[7]॥
कह रघुपति सुनु भामिनि बाता। मानउँ एक भगति कर नाता॥
जाति पाँति कुल धर्म बड़ाई। धन बल परिजन गुन चतुराई॥
भगति हीन नर सोहइ कैसा। बिनु जल बारिद देखिअ जैसा॥
नवधा भगति कहउँ तोहि पाहीं। सावधान सुनु धरु मन माहीं॥
प्रथम भगति संतन्ह कर संगा। दूसरि रति मम कथा प्रसंगा॥

दोहा—गुरु पद पंकज सेवा तीसरि भगति अमान।
चौथि भगति मम गुन गन[8] करइ कपट तजि गान॥ 70॥

---

1. शाप देता हुआ 2. मारता हुआ 3. कठोर 4. पड़ी 5. हाथ 6. जड़बुद्धि 7. पापनाशक, पाप के शत्रु 8. गुण समूह

मंत्र जाप मम दृढ़ बिस्वासा। पंचम भजन सो बेद प्रकासा॥
छठ दम[1] सील बिरति बहु करमा। निरत निरंतर सज्जन धरमा॥
सातवँ सम मोहि मय जग देखा। मोते संत अधिक करि लेखा॥
आठवँ जथालाभ[2] संतोषा। सपनेहुँ नहिं देखइ परदोषा॥
नवम सरल सब सन छलहीना। मम भरोस हियँ हरष न दीना॥
नव महुँ[3] एकउ जिन्ह के होई। नारि पुरुष सचराचर कोई॥
सोइ अतिसय प्रिय भामिनि[4] मोरे। सकल प्रकार भगति दृढ़ तोरे॥
जोगि बृंद[5] दुरलभ गति जोई। तो कहुँ आजु सुलभ भइ सोई॥
मम दरसन फल परम अनूपा। जीव पाव निज सहज सरूपा॥
जनकसुता कइ सुधि[6] भामिनी। जानहि कहु करिबरगामिनी[7]॥
पंपा सरहि[8] जाहु रघुराई। तहँ होइहि सुग्रीव मिताई[9]॥
सो सब कहिहि देव रघुबीरा। जानतहूँ पूछहु मतिधीरा॥
बार बार प्रभु पद सिरु नाई। प्रेम सहित सब कथा सुनाई॥

छंद—कहि कथा सकल बिलोकि हरि मुख हृदय पद पंकज धरे।
तजि जोग पावक[10] देह परि पद लीन भइ जहँ नहिं फिरे॥
नर बिबिध कर्म अधर्म बहु मत सोकप्रद सब त्यागहू।
बिस्वास करि कह दास तुलसी राम पद अनुरागहू॥

दोहा—जाति हीन अघ जन्म महि[11] मुक्त कीन्हि असि नारि।
महामंद मन सुख चहसि[12] ऐसे प्रभुहि बिसारि॥ 71॥

1. इंद्रिय विग्रह 2. जितना मिल जाए 3. में 4. स्त्री 5. समूह 6. समाचार 7. गजगामिनी 8. पंपा सरोवर 9. मित्रता 10. योगाग्नि 11. पृथ्वी 12. चाहता है

किष्किंधा कांड

प्रकृति वर्णन

सुंदर बन कुसुमित अति सोभा। गुंजत मधुप निकर[1] मधु लोभा॥
कंद मूल फल पत्र सुहाए। भए बहुत जब ते प्रभु आए॥
देखि मनोहर सैल[2] अनूपा। रहे तहँ अनुज सहित सुरभूपा॥
मधुकर खग मृग तनु धरि देवा। करहिं सिद्ध मुनि प्रभु कै सेवा॥
मंगलरूप भयउ बन तब ते। कीन्ह निवास रमापति[3] जब ते॥
फटिक[4] सिला अति सुभ्र सुहाई। सुख आसीन तहाँ द्वौ भाई॥
कहत अनुज सन कथा अनेका। भगति बिरत[5] नृपनीति बिबेका॥
बरषा काल मेघ नभ छाए। गरजत लागत परम सुहाए॥

दोहा—लछिमन देखु मोर गन नाचत बारिद पेखि।
गृही बिरति रत[6] हरष जस बिष्नुभगत कहुँ देखि॥ 72॥

घन घमंड नभ गरजत घोरा। प्रिया हीन डरपत मन मोरा॥
दामिनि दमक रह न घन माहीं। खल[7] कै प्रीति जथा थिर नाहीं॥
बरषहिं जलद भूमि निअराए[8]। जथा नवहिं[9] बुध बिद्या पाए।
बूँद अघात सहहिं गिरि कैसे। खल के बचन संत सह जैसे॥
छुद्र नदी भरि चली तोराई। जस थोरेहुँ धन खल इतराई[10]॥
भूमि परत भा ढाबर[11] पानी। जनु जीवहि माया लपटानी॥
समिटि समिटि[12] जल भरहिं तलावा। जिमि सदगुन सज्जन पहिं आवा॥
सरिता जल जलनिधि महुँ जाई। होइ अचल जिमि जिव हरि पाई॥

दोहा—हरित भूमि तृन संकुल समुझि परहिं नहिं पंथ।
जिमि पाखंड बाद तें गुप्त[13] होहिं सदग्रंथ॥ 73॥

---

1. समूह 2. पर्वत 3. विष्णु, राम; 4. स्फटिक 5. वैराग्य 6. संन्यास अनुरक्त गृहस्थ 7. दुष्ट 8. पास आकर 9. विनम्र होते हैं 10. इतरा जाते हैं 11. गंठला, कीचड़युक्त 12. एकत्र होकर 13. लुप्त

दादुर धुनि चहु दिसा सुहाई। बेद पढ़हिं जनु बटु[1] समुदाई॥
नव पल्लव भए बिटप अनेका। साधक मन जस मिलें बिबेका॥
अर्क[2] जवास[3] पात बिनु भयऊ। जस सुराज खल उद्यम गयऊ॥
खोजत कतहुँ मिलइ नहिं धूरी[4]। करइ क्रोध जिमि धरमहि दूरी॥
ससि[5] संपन्न सोह महि कैसी। उपकारी कै संपति जैसी॥
निसि तम घन खद्योत बिराजा। जनु दंभिन्ह कर मिला समाजा॥
महाबृष्टि चलि फूटि किआरीं। जिमि सुतंत्र[6] भए बिगरहिं नारी॥
कृषि निरावहिं[7] चतुर किसाना। जिमि बुध[8] तजहिं मोह मद माना॥
देखिअत चक्रवाक[9] खग नाहीं। कलिहि[10] पाइ जिमि धर्म पराहीं[11]॥
ऊसर[12] बरषइ तृन नहिं जामा। जिमि हरिजन हियँ उपज न कामा॥
बिबिध जंतु संकुल महि भ्राजा[13]। प्रजा बाढ़ जिमि पाइ सुराजा॥
जहँ तहँ रहे पथिक थकि नाना। जिमि इंद्रिय गन उपजें ग्याना॥

दोहा—कबहुँ प्रबल बह मारुत जहँ तहँ मेध बिलाहिं।
जिमि कपूत के उपजें कुल सद्धर्म नसाहिं॥ 74(क)॥

कबहु दिवस महँ निबिड़ तम कबहुँक प्रगट पतंग।
बिनसइ उपजइ ग्यान जिमि पाइ कुसंग सुसंग॥ 74(ख)॥

बरषा बिगत सरद रितु आई। लछमन देखहु परम सुहाई॥
फूलें कास सकल महि छाई। जनु बरषा कृत प्रगट बुढ़ाई[14]॥
उदित अगस्ति[15] पंथ जल सोषा। जिमि लोभहिं सोषइ संतोषा॥
सरिता सर निर्मल जल सोहा। संत हृदय जस गत मद मोहा॥
रस रस[16] सूख सरित सर पानी। ममता त्याग करहिं जिमि ग्यानी॥
जानि सरद रितु खंजन आए। पाइ समय जिमि सुकृत[17] सुहाए॥
पंक न रेनु[18] सोह असि धरनी। नीति निपुन नृप कै जसि करनी॥

1. बटुक, विद्यार्थी 2. मदार 3. जवाकुसुम 4. धूल 5. शस्य, कृषियुक्त 6. स्वतंत्र 7. विराग, फ़सल को सँभालना 8. विद्वान 9. चकवा 10. कलियुग 11. चला जाता है 12. अनुर्वर 13. शोभित होता है 14. वृद्धावस्था 15. अगस्त्य नक्षत्र 16. रिस-रिसकर 17. सद्कृत्य 18. धूल

जल संकोच बिकल भइँ मीना। अबुध कुटुंबी जिमि धनहीना॥
बिनु घन निर्मल सोह अकासा। हरिजन इव[1] परिहरि सब आसा॥
कहुँ कहुँ बृष्टि सारदी थोरी। कोउ एक भाव भगति जिमि मोरी॥

दोहा—चले हरषि तजि नगर नृप तापस बनिक भिखारि।
जिमि हरिभगति पाइ श्रम तजहिं आश्रमी चारि॥ 75॥

सुखी मीन जे नीर अगाधा। जिमि हरि सरन न एकऊ[2] बाधा॥
फूलें कमल सोह सर कैसा। निर्गुन ब्रह्म सगुन भएँ जैसा॥
गुंजत मधुकर मुखर अनूपा। सुंदर खग रव[3] नाना रूपा॥
चक्रवाक मन दुख निसि पेखी[4]। जिमि दुर्जन पर संपति देखी॥
चातक रटत तृषा अति ओही[5]। जिमि सुख लहइ न संकरद्रोही॥
सरदातप[6] निसि ससि अपहरई[7]। संत दरस जिमि पातक[8] टरई॥
देखि इंदु चकोर समुदाई। चितवहिं जिमि हरिजन हरि पाइ॥
मसक[9] दंस बीते हिम त्रासा। जिमि द्विज द्रोह किएँ कुल नासा॥

दोहा—भूमि जीव संकुल रहे गए सरद रितु पाइ।
सदगुरु मिलें जाहिं जिमि संसय भ्रम समुदाइ[10]॥ 76॥

सुंदर कांड

सीता-हनुमान संवाद

तब देखी मुद्रिका मनोहर। राम नाम अंकित अति सुंदर॥
चकित चितव मुदरी[11] पहिचानी। हरष बिषाद हृदयँ अकुलानी॥
जीति को सकइ अजय रघुराई। माया तें असि रचि नहिं जाई॥
सीता मन बिचार कर नाना। मधुर बचन बोलेउ हनुमाना॥

---

1. जैसे 2. एक भी 3. ध्वनि, आवाज़ 4. देखा 5. व्याकुल 6. शरद-ऋतु का ताप 7. अपहरण कर लेता है 8. पाप 9. मच्छर 10. समुदाय 11. अँगूठी

रामचंद्र गुन बरनैं लागा। सुनतहिं सीता कर दुख भागा॥
लागीं सुनैं श्रवन मन लाई। आदिहु[1] तें सब कथा सुनाई॥
श्रवनामृत[2] जेहिं कथा सुहाई। कही सो प्रगट होति किन भाई॥
तब हनुमंत निकट चलि गयऊ। फिरि[3] बैठीं मन बिसमय भयऊ॥
राम दूत मैं मातु जानकी। सत्य सपथ करुनानिधान की॥
यह मुद्रिका मातु मैं आनी। दीन्हि राम तुम्ह कहँ सहिदानी[4]॥
नरबानरहि संग कहु कैसे। कही कथा भइ संगति जैसे॥

दोहा—कपि के बचन सप्रेम सुनि उपजा मन बिस्वास
जाना मन क्रम बचन यह कृपासिंधु कर दास॥ 77॥

हरिजन[5] जानि प्रीति अति गाढ़ी। सजल नयन पुलकावलि बाढ़ी॥
बूड़त[6] बिरह जलधि हनुमाना। भयहु तात मो कहुँ जलजाना[7]॥
अब कहु कुसल जाउँ बलिहारी। अनुज सहित सुख भवन खरारी[8]॥
कोमलचित कृपाल रघुराई। कपि केहि हेतु धरी निठुराई॥
सहज बानि सेवक सुखदायक। कबहुँक सुरति करत रघुनायक॥
कबहुँ नयन मम सीतल ताता। होइहहिं निरखि स्याम मृदु गाता॥
बचनु न आव नयन भरे बारी[9]। अहह नाथ हौं निपट[10] बिसारी॥
देखि परम बिरहाकुल सीता। बोला कपि मृदु बचन बिनीता॥
मातु कुसल प्रभु अनुज समेता। तव दुख दुखी सुकृपा निकेता[11]॥
जनि जननी मानह जियँ ऊना[12]। तुम्ह ते प्रेमु राम के दूना॥

दोहा—रघुपति कर संदेसु अब सुनु जननी धरि धीर।
अस कहि कपि गदगद भयउ भरे बिलोचन नीर॥ 78॥

---

1. आरंभ से 2. कानों के लिए अमृत 3. मुड़कर 4. पहचान 5. श्रीराम भक्त 6. डूबते हुए 7. जलयान, जहाज़ 8. खर के हंता, खर को नष्ट करने वाले 9. जल 10. पूरी तरह 11. सुंदर कृपा के धाम 12. उर्ण, छोटा

कहेउ राम बियोग तव सीता। मो कहुँ सकल भए बिपरीता[1]॥
नव तरु किसलय मनहुँ कृसानू[2]। कालनिसा सम निसि ससि भानू॥
कुबलय[3] बिपिन कुंत[4] बन सरिसा। बारिद[5] तपत तेल जनु बरिसा॥
जे हित रहे करत तेइ पीरा। उरग[6] स्वास सम त्रिबिध समीरा॥
कहेहू[7] तें कछु दुख घटि होई। काहि[8] कहौं यह जान न कोई॥
तत्व प्रेम कर मम अरु तोरा। जानत प्रिया एकु मनु मोरा॥
सो मनु सदा रहत तोहि पाहीं। जानु प्रीति रसु एतनेहि[9] माहीं॥
प्रभु संदेसु सुनत बैदेही। मगन प्रेम तन सुधि नहिं तेही॥
कह कपि हृदयँ धीर धरु माता। सुमिरु राम सेवक सुखदाता॥
उर आनहु रघुपति प्रभुताई। सुनि मम बचन तजहु कदराई[10]॥

दोहा—निसिचर निकर पतंग सम रघुपति बान कृसानु[11]।
जननी हृदयँ धीर धरु जरे[12] निसाचर जानु॥ 79॥

जौं रघुबीर होति सुधि पाई। करते नहिं बिलंबु रघुराई॥
राम बान रबि उएँ[13] जानकी। तम बरूथ[14] कहँ जातुधान[15] की॥
अबहिं मातु मैं जाउँ लवाई। प्रभु आयुस नहिं राम दोहाई[16]॥
कछुक दिवस जननी धरु धीरा। कपिन्ह सहित अइहहिं रघुबीरा॥
निसिचर मारि तोहि लै जैहहिं। तिहुँ पुर नारदादि जसु[17] गैहहिं॥
हैं सुत कपि सब तुम्हहि[18] समाना। जातुधान अति भट[19] बलवाना॥
मोरे हृदय परम संदेहा। सुनि कपि प्रगट कीन्हि निज देहा॥
कनक भूधराकार[20] सरीरा। समर भयंकर अतिबल बीरा॥
सीता मन भरोस तब भयऊ। पुनि लघु रूप पवनसुत लयऊ॥

दोहा—सुनु माता साखामृग[21] नहिं बल बुद्धि बिसाल।
प्रभु प्रताप तें गरुड़हि खाइ परम लघु ब्याल[22]॥ 80॥

---

1. विपरीत, प्रतिकूल 2. अग्नि 3. कमल 4. भाला 5. बादल 6. सर्प 7. कहने से 8. किससे 9. इतने से ही 10. कायरता 11. अग्नि 12. जल गए 13. उदय होते ही 14. समूह 15. राक्षस 16. दुहाई 17. यश 18. तुम्हारे ही 19. योद्धा 20. स्वर्ण पर्वत, सुमेरु 21. वानर 22. साँप

रावण-हनुमान संवाद

कह लंकेस कवन तैं कीसा। केहि के बल घालेहि[1] बन खीसा[2]॥
की धौं श्रवन सुनेहि नहिं मोही। देखउँ अति असंक[3] सठ[4] तोही॥
मारे निसिचर केहिं अपराधा। कहु सठ तोहि न प्रान कइ बाधा॥
सुनु रावन ब्रह्मांड निकाया[5]। पाइ जासु बल बिरचति माया॥
जाके बल बिरंचि[6] हरि[7] ईसा[8]। पालत[9] सृजत[10] हरत[11] दससीसा॥
जा बल सीस धरत सहसानन। अंडकोस[12] समेत गिरि कानन॥
धरइ जो बिबिध देह सुरत्राता[13]। तुम्ह से सठन्ह सिखावनु दाता॥
हर[14] कोदंड[15] कठिन जेहिं भंजा[16]। तेहि समेत नृप दल मद गंजा॥
खर दूषन त्रिसिरा अरु बाली। बधे सकल अतुलित बलसाली॥
दोहा—जाके बल लवलेस[17] तें जितेहु चराचर सारि[18]।
तास दूत मैं जा करि हरि आनेहु प्रिय नारि॥ 81॥

जानउँ मैं तुम्हारि प्रभुताई। सहसबाहु सन परी लराई॥
समर बालि सन करि जसु पावा। सुनि कपि बचन बिहसि बिहरावा[19]॥
खायउँ फल प्रभु लागी भूँखा। कपि सुभाव तें तोरेउँ रूखा[20]॥
सब के देह परम प्रिय स्वामी। मारहिं मोहि कुमारग गामी[21]॥
जिन्ह मोहि मारा ते मैं मारे। तेहि पर बाँधेउँ तनयँ[22] तुम्हारे॥
मोहि न कछु बाँधे कइ लाजा। कीन्ह चहउँ निज प्रभु कर काजा॥
बिनती करउँ जोरि कर रावन। सुनहु मान तजि मोर सिखावन॥
देखहु तुम्ह निज कुलहि बिचारी। भ्रम तजि भजहु भगत भय हारी॥
जाके डर अति काल डेराई[23]। जो सुर असुर चराचर खाई॥
तासों बयरु[24] कबहुँ नहिं कीजै। मोरे कहें जानकी दीजै॥

---

1. नष्ट कर दिया 2. उजाड़कर 3. नि:शंक 4. शठ, मूर्ख 5. समूह 6. विधाता 7. विष्णु 8. शिव 9. पालन 10. सृजन 11. संहार 12. ब्रह्मांड का भीतरी भाग 13. देवताओं के रक्षक 14. शंकर 15. धनुष 16. तोड़ा 17. लेशमात्र 18. संपूर्ण, सब के सब 19. टाल दी 20. पेड़ 21. कुमार्गगामी, अन्यायी 22. पुत्र 23. डरता है 24. बैर, शत्रुता

दोहा—प्रनतपाल रघुनायक करुना सिंधु खरारि[1]।
गएँ सरन प्रभु राखिहैं तव अपराध बिसारि[2]॥ 82॥

राम चरन पंकज उर धरहू। लंका अचल राजु तुम्ह करहू॥
रिषि पुलस्ति[3] जसु बिमल मयंका। तेहि ससि महुँ जनि होहु कलंका॥
राम नाम बिनु गिरा[4] न सोहा। देखु बिचारि त्यागि मद मोहा॥
बसन हीन नहिं सोह सुरारी[5]। सब भूषन भूषित बर नारी॥
राम बिमुख संपति प्रभुताई। जाइ रही पाई बिनु पाई॥
सजल मूल[6] जिन्ह सरितन्ह नाहीं। बरषि गएँ पुनि तबहिं सुखाहीं॥
सुनु दसकंठ कहउँ पन रोपी[7]। बिमुख राम त्राता नहिं कोपी॥
संकर सहस बिष्नु अज[8] तोही। सकहिं न राखि[9] राम कर द्रोही॥

दोहा—मोहमूल बहु सूल प्रद[10] त्यागहु तम अभिमान।
भजहु राम रघुनायक कृपा सिंधु भगवान॥ 83॥

जदपि कही कपि अति हित बानी। भगति बिबेक बिरति[11] नय[12] सानी॥
बोला बिहसि महा अभिमानी। मिला हमहि कपि गुर बड़ ग्यानी॥
मृत्यु निकट आई खल तोही। लागेसि अधम सिखावन मोही॥
उलटा होइहि कह हनुमाना। मतिभ्रम तोर प्रगट मैं जाना॥
सुनि कपि बचन बहुत खिसिआना। बेगि[13] न हरहु मूढ़ कर प्राना॥
सुनत निसाचर मारन धाए। सचिवन्ह[14] सहित बिभीषनु आए॥
नाइ सीस करि बिनय बहूता[15]। नीति बिरोध न मारिअ दूता॥
आन दंड कछु करिअ गोसाईं। सबहीं कहा मंत्र भल[16] भाई॥
सुनत बिहसि बोला दसकंधर। अंग भंग करि पठइअ बंदर॥

---

1. खर नामक राक्षस के शत्रु, राम 2. भूलकर 3. पुलस्त्य, रावण के पूर्वज 4. वाणी 5. देवशत्रु 6. जलयुक्त मूल स्रोत 7. रोपकर, संकल्पपूर्वक 8. ब्रह्मा 9. रख सकते हैं, रक्षा कर सकते हैं 10. कष्टदायी 11. वैराग्य 12. न्याय, नीति 13. शीघ्र 14. सचिवों 15. बहुत 16. ठीक

दोहा—कपि के ममता पूँछ पर सबहि कहउँ समुझाइ।
तेल बोरि[1] पट[2] बाँधि पुनि पावक देहु लगाइ॥ 84॥

पूँछहीन बानर तहँ जाइहि। तब सठ निज नाथहि लइ आइहि॥
जिन्ह कै कीन्हिसि बहुत बड़ाई। देखउ मैं तिन्ह कै प्रभुताई॥
बचन सुनत कपि मन मुसुकाना। भइ सहाय सारद[3] मैं जाना॥
जातुधान[4] सुनि रावन बचना। लागे रचैं मूढ़ सोइ रचना॥
रहा न नगर बसन[5] घृत तेला। बाढ़ी[6] पूँछ कीन्ह कपि खेला[7]॥
कौतुक कहँ आए पुरबासी। मारहिं चरन[8] करहिं बहु हाँसी॥
बाजहिं ढोल देहिं सब तारी[9]। नगर फेरि[10] पुनि पूँछ प्रजारी[11]॥
पावक जरत देखि हनुमंता। भयउ परम लघुरूप तुरंता॥
निबुकि[12] चढ़ेउ कपि कनक अटारीं। भईं सभीत निसाचर नारी॥

दोहा—हरि प्रेरित तेहि अवसर चले मरुत[13] उनचास।
अट्टहास करि गर्जा कपि बढ़ि लाग अकास॥ 85॥

लंका दहन

देह बिसाल परम हरुआई[14]। मंदिर तें मंदिर चढ़ धाई॥
जरइ[15] नगर भा लोग बिहाला[16]। झपट लपट बहु कोटि कराला[17]॥
तात मातु हा सुनिअ पुकारा। एहिं अवसर को हमहि उबारा[18]॥
हम जो कहा यह कपि नहिं होई। बानर रूप धरें सुर कोई॥
साधु अवग्या कर फलु ऐसा। जरइ नगर अनाथ कर जैसा॥
जारा नगरु निमिष[19] एक माहीं। एक बिभीषन का गृह नाहीं॥
ता कर दूत अनल जेहिं सिरिजा। जरा न सो तेहि कारन गिरिजा[20]॥
उलटि पलटि लंका सब जारी। कूदि परा पुनि सिंधु मझारी॥

---

1. डुबोकर 2. वस्त्र 3. सरस्वती 4. राक्षस 5. वस्त्र 6. बढ़ाई 7. कौतुक 8. पाँव से मारना 9. ताली 10. घुमाकर 11. प्रज्ज्वलित की, जलाई 12. निकालकर 13. पवन 14. अत्यंत हल्की 15. जल रहा है 16. व्याकुल 17. भयंकर 18. बचाये 19. पलक झपकने जितने समय में 20. पार्वती

दोहा—पूँछ बुझाइ खोइ श्रम[1] धरि लघु रूप बहोरि।
जनकसुता के आगे ठाढ़ भयउ कर जोरि॥ 86॥

मातु मोहि दीजे कछु चीन्हा[2]। जैसे रघुनायक मोहि दीन्हा॥
चूड़ामनि उतारि तब दयऊ। हरष समेत पवनसुत लयऊ॥
कहेहु तात अस मोर प्रनामा। सब प्रकार प्रभु पूरनकामा॥
दीन दयाल बिरिदु[3] संभारी। हरहु नाथ सम संकट भारी॥
तात सक्रसुत[4] कथा सुनाएहु। बान प्रताप प्रभुहि समुझाएहु॥
मास दिवस महुँ नाथु न आवा। तौ पुनि मोहि जिअत नहिं पावा॥
कहु कपि केहि बिधि राखौं प्राना। तुम्हहू तात कहत अब जाना॥
तोहि देखि सीतलि भइ छाती। पुनि मो कहुँ सोइ दिनु सो राती॥

दोहा—जनकसुतहि समुझाइ करि बहु बिधि धीरजु दीन्ह।
चरन कमल सिरु नाइ कपि गवनु राम पहिं[5] कीन्ह॥ 87॥

लंका कांड

लक्ष्मण मूर्च्छा

घायल बीर बिराजहिं कैसे। कुसुमित[6] किंसुक के तरु जैसे॥
लछिमन मेघनाद द्वौ जोधा। भिरहिं[7] परसपर करि अति क्रोधा॥
एकहि एक[8] सकइ नहिं जीती। निसिचर छल बल करइ अनीती॥
क्रोधवंत तब भयउ अनंता[9]। भंजेउ[10] रथ सारथी तुरंता॥
नाना बिधि प्रहार कर सेषा[11]। राच्छस भयउ प्रान अवसेषा॥
रावन सुत निज मन अनुमाना। संकठ भयउ हरिहि मम प्राना॥

1. थकान उतार कर 2. स्मृति चिह्न, पहचान का चिह्न 3. बिरह, यश 4. इंद्रपुत्र, जयंत 5. पास 6. पुष्पित 7. भिड़े 8. एक-दूसरे से 9. शेषावतार लक्ष्मण 10. नष्ट कर दिए 11. शेष नाग, लक्ष्मण

बीरघातिनी छाड़िसि साँगी[1]। तेजपुंज लछिमन उर लागी॥
मुरछा भई सक्ति के लागे। तब चलि गयउ निकट भय त्यागे॥

दोहा—मेघनाद सम कोटि सत जोधा रहे उठाइ।
जगदाधार सेष किमि उठै चले खिसिआइ[2]॥ 88॥

सुनु गिरिजा क्रोधानल जासू। जारइ भुवन चारिदस आसू[3]॥
सक संग्राम जीति को ताही। सेवहिं सुर नर अग जग[4] जाही॥
यह कौतूहल जानइ सोई। जा पर कृपा राम कै होई॥
संध्या भय फिरि द्वौ बाहनी[5]। लगे सँभारन निज निज अनी॥
व्यापक ब्रह्म अजित भुवनेस्वर। लछिमन कहाँ बूझ करुनाकर॥
तब लगि लै आयउ हनुमाना। अनुज देखि प्रभु अति दुःख माना॥
जामवंत कह बैद सुषेना[6]। लंका रहइ को पठई लेना॥
धरि लघु रूप गयउ हनुमंता। आनेउ[7] भवन समेत तुरंता॥

दोहा—राम पदारबिंद[8] सिर नायउ आइ सुषेन।
कहा नाम गिरि औषधी जाहु पवनसुत लेन॥ 89॥

राम चरन सरसिज[9] उर राखी। चला प्रभंजनसुत[10] बल भाषी[11]॥
उहाँ[12] दूत एक मरमु जनावा[13]। रावनु कालनेमि गृह आवा॥
दसमुख कहा मरमु तेहिं सुना। पुनि पुनि कालनेमि सिरु धुना॥
देखत तुम्हहि नगरु जेहिं जारा[14]। तासु पंथ को रोक न पारा॥
भजि रघुपति करु हित आपना। छाँड़हु नाथ मृषा[15] जल्पना[16]॥
नील कंज तनु सुंदर स्यामा। हृदयँ राखु लोचनाभिरामा॥
मैं तैं मोर मूढ़ता त्यागू। महा मोह निसि सूतत जागू॥
काल ब्याल कर भच्छक जोई। सपनेहुँ समर कि जीतिअ सोई॥

---

1. शक्ति 2. खिसियाकर 3. आशु, शीघ्र 4. चर-अचर 5. सेनाएँ 6. सुषेण 7. लाये 8. चरण कमल 9. कमल 10. वायु पुत्र, हनुमान 11. बखान करने 12. वहाँ 13. प्रकट किया 14. जलाया 15. झूठी 16. दिवा स्वप्न

दोहा—सुनि दसकंठ रिसान अति तेहिं मन कीन्ह बिचार।
राम दूत कर मरौं बरु यह खल रत मल भार॥ 90॥

अस कहि चला रचिसि[1] मग माया। सर[2] मंदिर बर बाग बनाया॥
मारुतसुत[3] देखा सुभ आश्रम। मुनिहि बूझि[4] जल पियौं जाइ श्रम[5]॥
राच्छस कपट बेष तहँ सोहा। मायापति दूतहि चह मोहा॥
जाइ पवनसुत नायउ माथा। लाग सो कहै राम गुन गाथा॥
होत महा रन रावन रामहिं। जितिहहिं राम न संसय या महिं॥
इहाँ भएँ मैं देखउँ भाई। ग्यानदृष्टि बल मोहि अधिकाई॥
मागा जल तेहिं दीन्ह कमंडल। कह कपि नहिं अघाउँ[6] थोरें जल॥
सर मज्जन[7] करि आतुर आवहु। दिच्छा देउँ ग्यान जेहिं पावहु॥

दोहा—सर पैठत कपि पद गहा मकरीं[8] तब अकुलान।
मारी सो धरि दिब्य तनु[9] चली गगन चढ़ि जान[10]॥ 91॥

कपि तव दरसभइउँ निष्पापा। मिटा तात मुनिबर कर सापा[11]॥
मुनि न होइ यह निसिचर घोरा[12]। मानहु सत्य बचन कपि मोरा॥
अस कहि गई अपछरा[13] जबहीं। निसिचर निकट गयउ कपि तबहीं॥
कह कपि मुनि गुरदछिना लेहू। पाछें हमहिं मंत्र तुम्ह देहू॥
सिर लंगूर लपेटि पछारा। निज तनु प्रगटेसि[14] मरती बारा[15]॥
राम राम कहि छाड़ेसि प्राना। सुनि मन हरषि चलेउ हनुमाना॥
देखा सैल[16] न औषध चीन्हा। सहसा कपि उपारि[17] गिरि लीन्हा॥
गहि[18] गिरि निसि नभ धावत भयऊ। अवधपुरी ऊपर कपि गयऊ॥

दोहा—देखा भरत बिसाल अति निसिचर मन अनुमानि[19]।
बिनु फर[20] सायक मारेउ चाप[21] श्रवन[22] लगि तानि॥ 92॥

1. रचना की 2. सरोवर 3. हनुमान 4. पूछकर 5. थकान 6. तृप्त 7. स्नान 8. मकर स्त्री 9. शरीर 10. यान 11. श्राप 12. भयंकर 13. अप्सरा 14. प्रकट किया 15. बार, समय 16. पर्वत 17. उखाड़ लिया 18. पकड़कर 19. मन में अनुमान किया 20. फल, बाण का अग्र भाग 21. धनुष 22. कान

परेउ मुरुछि महि लागत सायक[1]। सुमिरत राम राम रघुनायक॥
सुनि प्रिय बचन भरत तब धाए। कपि समीप अति आतुर आए॥
बिकल बिलोकि कीस[2] उर लावा। जागत नहिं बहु भाँति जगावा॥
मुख मलीन मन भए दुखारी। कहत बचन भरि लोचन बारी॥
जेहिं बिधि राम बिमुख मोहि कीन्हा। तेहिं पुनि यह दारुन दुःख दीन्हा॥
जौं मोरें मन बच अरु काया॥ प्रीति राम पद कमल अमाया[3]॥
तौ कपि होउ बिगत श्रम सूला[4]। जौं मो पर रघुपति अनुकूला॥
सुनत बचन उठि बैठ कपीसा[5]। कहि जय जयति कोसलाधीसा[6]॥

सोरठा—लीन्ह कपिहि उर लाइ पुलकित तनु लोचन सजल।
प्रीति न हृदय समाइ सुमिरि राम रघुकुल तिलक॥ 93॥

तात कुसल कहु सुखनिधान की। सहित अनुज अरु मातु जानकी॥
कपि सब चरित समास[7] बखाने। भए दुखी मन महुँ पछिताने॥
अहह दैव मैं कत जग जायउँ[8]। प्रभु के एकहु काज न आयउँ॥
जानि कुअवसरु मन धरि धीरा। पुनि कपि सन बोले बलबीरा॥
तात गहरु[9] होइहि तोहि जाता। काजु[10] नसाइहि[11] होत प्रभाता॥
चढ़ु मम सायक[12] सैल[13] समेता। पठवौं[14] तोहि जहँ कृपानिकेता[15]॥
सुनि कपि मन उपजा अभिमाना। मोरे भार चलिहि किमि बाना[16]॥
राम प्रभाव बिचारि बहोरी[17]। बंदि चरन कह कपि कर जोरी॥

दोहा—तव प्रताप उर राखि प्रभु जैहउँ[18] नाथ तुरंत।
अस कहि आयसु[19] पाइ पद बंदि चलेउ हनुमंत॥ 94(क)॥

भरत बाहु बल सील गुन प्रभु पद प्रीति अपार।
मन महुँ जात सराहत पुनि पुनि पवनकुमार॥ 94(ख)॥

---

1. बाण 2. वानर 3. कपट रहित 4. कष्ट 5. हनुमान 6. राम 7. संक्षेप 8. पैदा हुआ 9. देरी, विलंब 10. कार्य 11. नष्ट हो जाएगा, व्यर्थ हो जाएगा 12. बाण 13. पर्वत 14. भेज दूँ 15. कृपा के भवन, राम 16. बाण 17. पुनः 18. जाऊँगा 19. आज्ञा

उहाँ[1] राम लछिमनहि निहारी। बोले बचन मनुज अनुसारी॥
अर्ध राति गइ कपि नहिं आयउ। राम उठाइ अनुज उर लायउ॥
सकहु न दुखित देखि मोहि काउ। बंधु सदा तव मृदुल सुभाऊ॥
मम हित लागि तजेहु पितु माता। सहेहु बिपिन हिम[2] आतप[3] बाता[4]॥
सो अनुराग कहाँ अब भाई। उठहु न सुनि मम बच[5] बिकलाई[6]॥
जौं जनतेउँ[7] बन बंधु बिछोहू। पिता बचन मनतेउँ नहिं ओहू॥
सुत बित[8] नारि भवन परिवारा। होहिं जाहिं जग बारहिं बारा॥
अस बिचारि जियँ जागहु ताता। मिलइ न जगत सहोदर भ्राता॥
जथा[9] पंख बिनु खग अति दीना। मनि बिनु फनि[10] करिबर[11] कर[12] हीना॥
अस मम जिवन बंधु बिनु तोही। जौं जड़ दैव जिआवै मोही॥
जैहउँ[13] अवध कवन मुँह लाई[14]। नारि हेतु प्रिय भाई गँवाई॥
बरु[15] अपजस सहतेउँ जग माहीं। नारि हानि बिसेष छति[16] नाहीं॥
अब अपलोकु[17] सोकु सुत तोरा। सहिहि निठुर कठोर उर मोरा॥
निज जननी के एक कुमारा। तात तासु तुम्ह प्रान अधारा॥
सौंपेसि[18] मोहि तुम्हहि गहि पानी। सब बिधि सुखद परम हित जानी॥
उतरु[19] काह दैहउँ तेहि जाई। उठि किन मोहि सिखावहु भाई॥
बहु बिधि सोचत सोच बिमोचन। स्त्रवत सलिल राजिव दल लोचन॥
उमा[20] एक अखंड[21] रघुराई। नर गति भगत कृपाल देखाई॥

दोहा—प्रभु प्रलाप सुनि कान बिकल भए बानर निकर।
आइ गयउ हनुमान जिमि करुना महँ[22] बीर रस॥ 95॥

हरषि राम भेटेउ हनुमाना। अति कृतज्ञ प्रभु परम सुजाना॥
तुरत बैद तब कीन्ह उपाई। उठि बैठे लछिमन हरषाई॥
हृदयँ लाइ प्रभु भेंटेउ भ्राता। हरषे सकल भालु कपि ब्राता[23]॥

---

1. वहाँ 2. ठंडक, शीत 3. धूप 4. हवा, आँधी 5. वचन 6. व्याकुल 7. जानता 8. वित्त, धन 9. जैसे 10. सर्प 11. हाथी 12. सूँड़ 13. जाऊँगा 14. क्या मुँह लेकर (मुहावरा) 15. भले ही 16. क्षति, हानि 17. अपयश 18. सौंपा 19. उत्तर 20. पार्वती 21. एक एवं विकाररहित 22. में 23. समूह

कपि पुनि बैद तहाँ पहुँचावा। जेहि बिधि तबहिं ताहि लइ आवा॥
यह बृत्तांत दसानन सुनेऊ। अति बिषाद पुनि पुनि सिर धुनेऊ॥
ब्याकुल कुंभकरन पहिं आवा। बिबिध जतन करि ताहि जगावा॥
जागा निसिचर देखिअ कैसा। मानहुँ कालु देह धरि बैसा[1]॥
कुंभकरन बूझा कहु भाई। काहे तव मुख रहे सुखाई॥
कथा कही सब तेहिं अभिमानी। जेहि प्रकार सीता हरि आनी[2]॥
तात कपिन्ह सब निसिचर मारे। महा महा जोधा संघारे[3]॥
दुर्मुख सुररिपु मनुज अहारी[4]। भट अतिकाय अकंपन भारी॥
अपर[5] महोदर आदिक बीरा। परे समर महि सब रनधीरा॥

दोहा—सुनि दसकंधर बचन तब कुंभकरन बिलखान[6]।
जगदंबा हरि आनि अब सठ चाहत कल्यान॥ 96॥

राम-रावण युद्ध

अस कहि रथ रघुनाथ चलावा। बिप्र चरन पंकज सिरु नावा॥
तब लंकेस क्रोध उर छावा। गर्जत तर्जत[7] सम्मुख धावा॥
जीतेहु जे भट संजुग[8] माहीं। सुनु तापस मैं तिन्ह सम नाहीं॥
रावन नाम जगत जस जाना। लोकप[9] जाकें बंदीखाना॥
खर दूषन बिराध[10] तुम्ह मारा। बधेहु ब्याध[11] इव[12] बालि बिचारा॥
निसिचर निकर सुभट संघारेहु। कुंभकरन घननादहि[13] मारेहु॥
आजु बयरु[14] सबु लेउँ निबाही। जौं रन भूप भाजि[15] नहिं जाही॥
आजु करउँ खलु काल हवाले। परेहु कठिन रावन के पाले॥
सुनि दुर्बचन कालबस जाना। बिहँसि बचन कह कृपानिधाना॥
सत्य सत्य सब तव प्रभुताई। जल्पसि[16] जनि देखाउ मनुसाई[17]॥

---

1. बैठा 2. ले आया 3. संघार किया 4. मनुष्य का आहार करने वाले 5. दूसरे 6. व्यथित, बिलखकर 7. गर्जन-तर्जन 8. युद्ध 9. लोकपाल 10. कबंध 11. शिकारी 12. समान 13. मेघनाद 14. बैर, दुश्मनी 15. भागना 16. दिवा कल्पना, बकवास; 17. पौरुष

छंद—जनि जल्पना[1] करि सुजसु नासहि नीति सुनहि करहि छमा।
संसार महँ पूरुष त्रिबिध पाटल[2] रसाल[3] पनस[4] समा॥
एक सुमनप्रद एक सुमन फल एक फलइ केवल लागहीं।
एक कहहिं कहहिं करहिं अपर एक करहिं कहत न बागहीं[5]॥

दोहा—राम बचन सुनि बिहँसा मोहि सिखावत ग्यान।
बयरु करत नहिं तब डरे अब लागे प्रिय प्रान॥ 97॥

कहि दुर्बचन क्रुद्ध दसकंधर। कुलिस[6] समान लाग छाँड़ै सर॥
नानाकार सिलीमुख[7] धाए। दिसि अरु बिदिसि गगन महि छाए॥
पावक सर छाँड़ेउ रघुबीरा। छन महुँ जरे निसाचर तीरा॥
छाड़िसि तीब्र सक्ति खिसिआई। बान संग प्रभु फेरि चलाई॥
कोटिन्ह चक्र त्रिसूल पबारै[8]। बिनु प्रयास प्रभु काटि निवारै॥
निफल[9] होहिं रावन सर कैसे। खल के सकल मनोरथ जैसे॥
तब सत बान सारथी मारेसि। परेउ भूमि जय राम पुकारेसि॥
राम कृपा करि सूत उठावा। तब प्रभु परम क्रोध कहुँ पावा॥

छंद—भए क्रुद्ध जुद्ध बिरुद्ध रघुपति त्रोन[10] सायक कसमसे।
कोदंड[11] धुनि अति चंड सुनि मनुजाद[12] सब मारुत ग्रसे[13]॥
मंदोदरी उर कंप कंपति कमठ[14] भू[15] भूधर[16] त्रसे[17]।
चिक्करहिं[18] दिग्गज दसन गहि महि देखि कौतुक सुर हँसे॥

दोहा—तानेउ चाप श्रवन लगि छाँड़े बिसिख[19] कराल।
राम मारगन[20] गन चले लहलहात जनु ब्याल॥ 98॥

चले बान सपच्छ[21] जनु उरगा[22]। प्रथमहिं हतेउ[23] सारथी तुरगा[24]॥
रथ बिभंजि[25] हति केतु[26] पताका। गर्जा अति अंतर बल थाका॥

---

1. दिवा कल्पना, डींग हाँकना 2. गुलाब 3. आम 4. कटहल 5. वाणी से 6. वज्र 7. बाण 8. फेंके 9. निष्फल, व्यर्थ 10. तुणीर, तरकश 11. धनुष 12. राक्षस 13. वात ग्रस्त हुए, भयभीत हुए 14. कच्छप 15. पृथ्वी 16. पर्वत 17. संत्रस्त हुए 18. चिंघाड़ने लगे 19. बाण 20. बाण समूह 21. पंख सहित 22. साँप 23. मारा 24. घोड़े 25. ध्वस्त करके 26. ध्वज

तुरत आन रथ चढ़ि खिसिआना। अस्त्र सस्त्र छाँड़ेसि बिधि नाना॥
बिफल होहिं सब उद्यम ताके। जिमि परद्रोह निरत मनसा के॥
तब रावन दस सूल[1] चलावा। बाजि[2] चारि महि मारि गिरावा॥
तुरग[3] उठाइ कोपि रघुनायक। खैंचि सरासन छाँड़े सायक॥
रावन सिर सरोज बनचारी। चलि रघुबीर सिलीमुख[4] धारी॥
दस दस बान भाल दस मारे। निसरि गए चले रुधिर पनारे[5]॥
स्रवत रुधिर धायउ बलवाना। प्रभु पुनि कृत धनु सर संधाना॥
तीस तीर रघुबीर पबारे[6]। भुजन्हि समेत सीस महि पारे॥
काटतहीं पुनि भए नबीने। राम बहोरि भुजा सिर छीने॥
प्रभु बहु बार बाहु सिर हए। कटत झटिति पुनि नूतन भए॥
पुनि पुनि प्रभु काटत भुज सीसा। अति कौतुकी कोसलाधीसा॥
रहे छाइ नभ सिर अरु बाहू। मानहुँ अमित[7] केतु अरु राहू॥

छंद—जनु राहु केतु अनेक नभ पथ स्रवत सोनित[8] धावहीं।
रघुबीर तीर प्रचंड लागहिं भूमि गिरत न पावहीं॥
एक एक सर सिर निकर छेदे नभ उड़त इमि सोहहीं।
जनु कोपि दिनकर कर निकर जहँ तहँ बिधुंतुद[9] पोहहीं[10]॥

दोहा—जिमि जिमि प्रभु हर तासु सिर तिमि होहिं अपार।
सेवत बिषय बिबर्ध[11] जिमि नित नित नूतन मार॥ 99॥

दसमुख देखि सिरन्ह कै बाढ़ी। बिसरा मरन भई रिस गाढ़ी॥
गर्जेउ मूढ़ महा अभिमानी। धायउ दसहु सरासन तानी॥
समर भूमि दसकंधर कोप्यो। बरषि बान रघुपति रथ तोप्यो[12]॥
दंड[13] एक रथ देखि न परेउ। जनु निहार[14] महुँ दिनकर दुरेऊ[15]॥
हाहाकार सुरन्ह जब कीन्हा। तब प्रभु कोपि कारमुक[16] लीन्हा॥

1. त्रिशूल 2. घोड़े 3. घोड़े 4. भ्रमर 5. पनाले 6. प्रहार किया, चलाए 7. अपार 8. रक्त 9. राहुओं 10. पिरो रही हो 11. विवर्धित, बढ़ती जाती है 12. ढँक लिया 13. समयावधि, घड़ी भर का समय 14. कुहरा 15. ढँक गया 16. धनुष

सर निवारि रिपु के सिर काटे। ते दिसि बिदिसि गगन महि पाटे॥
काटे सिर नभ मारग धावहिं। जय जय धुनि करि भय उपजावहिं॥
कहँ लछिमन सुग्रीव कपीसा। कहँ रघुबीर कोसलाधीसा॥

छंद—कहँ रामु कहि सिर निकर धाए देखि मर्कट भजि चले।
संधानि धनु रघुबंसमनि हँसि सरन्हि सिर बेधे भले॥
सिर मालिका कर कालिका गहि बृंद बृंदन्हि[1] बहु मिलीं।
करि रुधिर सरि मज्जनु मनहुँ संग्राम बट[2] पूजन चलीं॥

दोहा—पुनि दसकंठ क्रुद्ध होइ छाँड़ी सक्ति प्रचंड।
चली बिभीषन सन्मुख मनहुँ काल कर दंड॥ 100॥

आवत देखि सक्ति अति घोरा। प्रनतारति[3] भंजन पन[4] मोरा॥
तुरत बिभीषन पाछें मेला। सन्मुख राम सहेउ सोइ सेला[5]॥
लागि सक्ति मुरुछा कछु भई। प्रभु कृत खेल[6] सुरन्ह[7] बिकलई[8]॥
देखि बिभीषन प्रभु श्रम पायो। गहि कर गदा क्रुद्ध होइ धायो॥
रे कुभाग्य सठ मंद कुबुद्धे। तैं सुर नर मुनि नाग बिरुद्धे॥
सादर सिव कहुँ सीस चढ़ाए। एक एक के कोटिन्ह पाए॥
तेहि कारन खल अब लगि बाँच्यो। अब तव कालु सीस पर नाच्यो॥
राम बिमुख सठ चहसि संपदा। अस कहि हनेसि[9] माझ उर गदा॥

छंद—उर माझ गदा प्रहार घोर कठोर लागत महि पर्‌यो।
दस बदन सोनित स्रवत पुनि संभारि धायो रिस भर्‌यो॥
द्वौ भिरे अतिबल मल्लजुद्ध बिरुद्ध एकु एकहि[10] हनै।
रघुबीर बल दर्पित बिभीषनु घालि नहिं ता कहुँ गनै[11]॥

दोहा—उमा बिभीषनु रावनहि सन्मुख चितव कि काउ।
सो अब भिरत काल ज्यों श्री रघुबीर प्रभाउ॥ 101॥

---

1. झुंड की झुंड 2. वटवृक्ष 3. शरणागत 4. प्रण 5. शक्ति 6. लीला 7. देवता 8. विकलता, बेचैनी 9. प्रहार किया 10. एक-दूसरे को 11. घलुवे (घाली) के बराबर भी नहीं गिनता (मुहावरा)

देखा श्रमित बिभीषनु भारी। धायउ हनूमान गिरि धारी॥
रथ तुरंग सारथी निपाता[1]। हृदय माझ[2] तेहि मारेसि लाता॥
ठाढ़ रहा अति कंपित गाता[3]। गयउ बिभीषनु जहँ जनत्राता[4]॥
पुनि रावन कपि हतेउ पचारी[5]। चलेउ गगन कपि पूँछ पसारी[6]॥
गहिसि[7] पूँछ कपि सहित उड़ाना। पुनि फिरि भिरेउ प्रबल हनुमाना॥
लरत अकास जुगल सम जोधा। एकहि एकु हनत करि क्रोधा॥
सोहहिं नभ छल बल बहु करहीं। कज्जलगिरि[8] सुमेरु जनु लरहीं॥
बुधि बल निसिचर परइ न पारयो[9]। तब मारुतसुत प्रभु संभार्‌यो[10]॥

छंद—संभारि श्रीरघुबीर धीर पचारि कपि रावनु हन्यो[11]।
महि परत पुनि उठि लरत देवन्ह जुगल कहुँ जय जय भन्यो[12]॥
हनुमंत संकट देखि मर्कट भालु क्रोधातुर चले।
रन मत्त रावन सकल सुभट प्रचंड भुज बल दलमले[13]॥

दोहा—तब रघुबीर पचारे धाए कीस प्रचंड।
कपि बल प्रबल देखि तेहिं कीन्ह प्रगट पाखंड[14]॥ 102॥

अंतरधान भयउ छन एका। पुनि प्रगटे खल रूप अनेका॥
रघुपति कटक भालु कपि जेते। जहँ तहँ प्रगट दसानन तेते॥
देखे कपिन्ह अमित दससीसा। जहँ तहँ भजे भालु अरु कीसा[15]॥
भागे बानर धरहिं न धीरा। त्राहि त्राहि लछिमन रघुबीरा॥
दहँ दिसि धावहिं कोटिन्ह रावन। गर्जहिं घोर कठोर भयावन॥
डरे सकल सुर चले पराई[16]। जय कै आस तकउ[17] अब भाई॥
सब सुर जिते एक दसकंधर। अब बहु भए तकहु गिरि कंदर॥
रहे बिरंचि संभु मुनि ग्यानी। जिन्ह जिन्ह प्रभु महिमा कछु जानी॥

1. मार गिराया 2. बीच में 3. शरीर 4. दासों के रक्षक, राम 5. ललकार कर 6. फैलाकर 7. पकड़ ली 8. पर्वत का नाम 9. पार नहीं पाया (मुहावरा) 10. स्मरण किया 11. प्रहार किया 12. कहा 13. कुचल और मसल डाला 14. माया 15. वानर 16. भाग चले 17. ताकते, देखते हैं

छंद—जाना प्रताप ते रहे निर्भय कपिन्ह रिपु माने फुरे।
चले बिचलि मर्कट भालु सकल कृपाल पाहि भयातुरे॥
हनुमंत अंगद नील नल अतिबल लरत रन बाँकुरे।
मर्दहिं[1] दसानन कोटि कोटिन्ह कपट भू भट अंकुरे[2]॥

दोहा—सुर बानर देखे बिकल हँस्यो कोसलाधीस।
सजि सारंग एक सर हते[3] सकल दससीस॥ 103॥

प्रभु छन महुँ माया सब काटी। जिमि रबि उएँ[4] जाहिं तम फाटी॥
रावनु एकु देखि सुर हरषे। फिरे सुमन बहु प्रभु पर बरषे॥
भुज उठाइ रघुपति कपि फेरे[5]। फिरे एक एकन्ह[6] तब टेरे[7]॥
प्रभु बलु पाइ भालु कपि धाए। तरल तमकि संजुग[8] महि आए॥
अस्तुति करत देवतन्हि देखे। भयउँ एक मैं इन्ह के लेखे॥
सठहु[9] सदा तुम्ह मोर मरायल[10]। अस कहि कोपि गगन पर धायल[11]॥
हाहाकार करत सुर भागे। खलहु जाहु कहँ मोरे आगे॥
देखि बिकल सुर अंगद धायो। कूदि चरन गहि भूमि गिरायो॥

छंद—गहि भूमि पार्‌यो लात मार्‌यो बालिसुत प्रभु पहिं गयो।
संभारि उठि दसकंठ घोर कठोर रव गर्जत भयो॥
करि दाप[12] चाप चढ़ाइ दस संधानि सर बहु बरषई।
किए सकल भट घायल भयाकुल देखि निज बल हरषई॥

दोहा—तब रघुपति रावन के सीस भुजा सर चाप।
काटे बहुत बढ़े पुनि जिमि तीरथ कर पाप॥ 104॥

सिर भुज बाढ़ि देखि रिपु केरी। भालु कपिन्ह रिस भई घनेरी[13]॥
मरत न मूढ़ कटेहुँ भुज सीसा। धाए कोपि भालु भट कीसा[14]॥
बालि तनय मारुति नल नीला। बानरराज दुबिद[15] बलसीला॥

---

1. मसल रहे थे 2. अंकुरित होते हुए 3. मार डाला 4. उदित 5. लौटाया 6. एक-दूसरे 7. पुकारते हुए 8. युद्ध 9. मूर्खों 10. मार 11. दौड़ा 12. गर्व, अभिमान 13. बहुत 14. वानर 15. द्विविद

बिटप[1] महीधर[2] करहिं प्रहारा। सोइ गिरि तरु गहि कपिन्ह सो मारा॥
एक नखन्हि रिपु बपुष बिदारी। भागि चलहिं एक लातन्ह मारी।
तब नल नील सिरन्हि चढ़ि गयऊ। नखन्हि लिलार बिदारत[3] भयऊ॥
रुधिर देखि बिषाद उर भारी। तिन्हहि धरन कहुँ भुजा पसारी॥
गहे न जाहिं करन्हि पर फिरहीं। जनु जुग मधुप कमल बन चरहीं॥
कोपि कूदि द्वौ[4] धरेसि बहोरी। महि पटकत भजे भुजा मरोरी॥
पुनि सकोप दस धनु कर लीन्हे। सरन्हि मारि घायल कपि कीन्हे॥
हनुमदादि मुरुछित करि बंदर। पाइ प्रदोष[5] हरष दसकंधर॥
मुरुछित देखि सकल कपि बीरा। जामवंत धायउ रनधीरा॥
संग भालु भूधर तरु धारी। मारन लगे पचारि पचारि[6]॥
भयउ क्रुद्ध रावन बलवाना। गहि पद महि पटकइ भट नाना॥
देखि भालुपति निज दल घाता। कोपि माझ उर मारेसि लाता॥

छंद—उर लात घात प्रचंड लागत बिकल रथ ते महि परा।
गहि भालु बीसहुँ कर मनहुँ कमलन्हि बसे निसि मधुकरा॥
मुरुछित बिलोकि बहोरि पद हति भालुपति प्रभु पहिं गयो॥
निसि जानि स्यंदन[7] घालि तेहि तब सूत[8] जतनु करय भयो॥

दोहा—मुरुछा बिगत भालु कपि सब आए प्रभु पास।
निसिचर सकल रावनहि घेरि रहे अति त्रास॥ 105॥

तेही निसि[9] सीता पहिं जाई। त्रिजटा कहि सब कथा सुनाई॥
सिर भुज बाढ़ि सुनत रिपु केरी। सीता उर भइ त्रास घनेरी॥
मुख मलीन उपजी मन चिंता। त्रिजटा[10] सन बोली तब सीता॥
होइहि कहा कहसि किन माता। केहि बिधि मरिहि बिस्व दुःखदाता॥
रघुपति सर सिर कटेहुँ न मरई। बिधि बिपरीत चरित सब करई॥
मोर अभाग्य[11] जिआवत ओही[12]। जेहिं हौं हरि पद कमल बिछोही॥

---

1. वृक्ष 2. पहाड़ 3. विदीर्ण करने लगे, फाड़ने लगे 4. दोनों 5. संध्या का समय 6. पटक-पटककर
7. रथ 8. सारथी 9. रात्रि 10. एक राक्षसी, जो सीता की सखी हो गई थी 11. दुर्भाग्य 12. उसको

जेहिं कृत[1] कपट कनक मृग झूठा। अजहुँ सो दैव मोहि पर रूठा॥
जेहिं बिधि मोहि दुःख दुसह सहाए। लछिमन कहुँ कटु बचन कहाए॥
रघुपति बिरह सबिष[2] सर भारी। तकि तकि मार बार बहु मारी॥
ऐसेहुँ दुःख जो राख मम प्राना। सोइ बिधि ताहि जिआव न आना[3]॥
बहु बिधि कर बिलाप जानकी। करि करि सुरति[4] कृपानिधान की॥
कह त्रिजटा सुनु राजकुमारी। उर सर लागत मरइ सुरारी[5]॥
प्रभु ताते उर हतइ[6] न तेही। एहि के हृदयँ बसति बैदेही॥

छंद—एहि के हृदयँ बस जानकी जानकी उर मम बास है।
मम उदर भुअन[7] अनेक लागत बान सब कर नास है॥
सुनि बचन हरष बिषाद मन अति देखि पुनि त्रिजटा कहा।
अब मरिहि रिपु एहि बिधि सुनहि सुंदरि तजहि संसय महा॥

दोहा—काटत सिर होइहि बिकल छुटि जाइहि तव ध्यान।
तब रावनहि हृदय महुँ मरिहहिं रामु सुजान॥ 106॥

अस कहि बहुत भाँति समुझाई। पुनि त्रिजटा निज भवन सिधाई॥
राम सुभाउ सुमिरि बैदेही। उपजी बिरह बिथा अति तेही॥
निसिहि[8] ससिहि[9] निंदति बहु भाँति। जुग सम भई सिराति[10] न राती॥
करति बिलाप मनहिं मन भारी। राम बिरहँ जानकी दुखारी॥
जब अति भयउ बिरह उर दाहू[11]। फरकेउ[12] बाम नयन अरु बाहू॥
सगुन बिचारि धरी मन धीरा। अब मिलिहहिं कृपाल रघुबीरा॥
इहाँ अर्धनिसि रावनु जागा। निज सारथि सन खीझन लागा।
सठ रनभूमि छड़ाइसि[13] मोही। धिग धिग अधम मंदमति तोही॥
तेहि पद गहि बहु बिधि समुझावा। भोरु भएँ रथ चढ़ि पुनि धावा॥
सुनि आगवनु दसानन केरा। कपि दल खरभर[14] भयउ घनेरा॥
जहँ तहँ भूधर बिटप उपारी[15]। धाए कटकटाइ भट[16] भारी॥

1. किया 2. विष सहित 3. अन्य 4. स्मृति 5. देवताओं का शत्रु, रावण 6. मारते हैं 7. भुवन, लोक 8. रात्रि को 9. चंद्रमा की 10. खत्म होती है 11. पीड़ा, कष्ट 12. फड़कने लगे 13. छुड़वा दी 14. खलबली 15. उखाड़कर 16. योद्धा

छंद—धाए जो मर्कट बिकट भालु कराल कर भूधर धरा।
अति कोप करहिं प्रहार गारत भजि चले रजनीचरा[1]॥
बिचलाइ[2] दल बलवंत कीसन्ह घेरि पुनि रावनु लियो।
चहुँ दिसि चपेटन्हि मारि नखन्हि बिदारि तन ब्याकुल कियो॥

दोहा—देखि महा मर्कट प्रबल रावन कीन्ह बिचार।
अंतरहित[3] होइ निमिष महुँ कृत माया बिस्तार॥ 107॥

जब कीन्ह तेहिं पाषंड। भए प्रगट जंतु प्रचंड॥
बेताल भूत पिसाच। कर धरें धनु नाराच[4]॥
जोगिनि गहें करबाल[5]। एक हाथ मनुज कपाल॥
करि सद्य सोनित पान। नाचहिं करहिं बहु गान॥
धरु मारु[6] बोलहिं घोर। रहि पूरि धुनि चहुँ ओर॥
मुख बाइ[7] धावहिं खान। तब लगे कीस[8] परान॥
जहँ जाहिं मर्कट भागि। तहँ बरत[9] देखहिं आगि॥
भए बिकल बानर भालु। पुनि लाग बरषै बालु॥
जहँ तहँ थकित करि कीस। गर्जेउ बहुरि दससीस॥
लछिमन कपीस समेत। भए सकल बीर अचेत॥
हा राम हा रघुनाथ। कहि सुभट मीजहिं हाथ॥
ऐहि बिधि सकल बल तोरि। तेहिं[10] कीन्ह कपट बहोरि॥
प्रगटेसि बिपुल हनुमान। धाए गहे पाषान॥
तिन्ह रामु घेरे जाइ। चहुँ दिसि बरूथ[11] बनाइ॥
मारहु[12] धरहु[13] जनि जाइ[14]। कटकटहिं पूँछ उठाइ॥
दस दिसि लँगूर बिराज। तेहिं मध्य कोसलराज॥

छंद—तेहिं मध्य कोसलराज सुंदर स्याम तन सोभा लही।
जनु इंद्रधनुष अनेक की बर बारि तुंग[15] तमालही॥

---

1. राक्षस 2. विचलित करके 3. अंतर्धान 4. लोहबाण 5. तलवार 6. मारो 7. खोलकर 8. वानर 9. जलते हुए 10. उसने 11. दल 12. मारो 13. पकड़ो 14. मत जाने दो 15. ऊँचे

प्रभु देखि हरष बिषाद उर सुर बदत जय जय जय करी।
रघुबीर एकहिं तीर कोपि निमेष महुँ माया हरी॥
माया बिगत कपि भालु हरषे बिटप गिरि गहि सब फिरे।
सर निकर छाड़े राम रावन बाहु सिर पुनि महि गिरे॥
श्रीराम रावन समर चरित अनेक कल्प जो गावहीं।
सत सेष सारद निगम[1] कबि तेउ तदपि पार न पावहीं॥

दोहा—ताके गुन गन कछु कहे जड़मति[2] तुलसीदास।
जिमि निज बल अनुरूप ते माछी[3] उड़इ अकास॥ 108(क)॥
काटे सिर भुज बार बहु मरत न भट लंकेस।
प्रभु क्रीड़त सुर सिद्ध मुनि ब्याकुल देखि कलेस॥ 108(ख)॥

काटत बढ़हिं सीस समुदाई। जिमि प्रति लाभ लोभ अधिकाई॥
मरइ न रिपु श्रम भयउ बिसेषा। राम बिभीषन तन तब देखा॥
उमा काल मर जाकीं ईछा[4]। सो प्रभु जन कर प्रीति परीछा॥
सुनु सरबग्य चराचर नायक। प्रनतपाल सुर मुनि सुखदायक॥
नाभिकुंड पियूष बस याकें[5]। नाथ जिअत रावनु बल ताकें॥
सुनत बिभीषन बचन कृपाला। हरषि गहे कर बान कराला॥
असुभ होन लागे तब नाना। रोवहिं खर[6] सृकाल[7] बहु स्वाना[8]॥
बोलहिं खग जग आरति हेतू। प्रगट भए नभ जहँ तहँ केतू[9]॥
दस दिसि दाह होन अति लागा। भयउ परब बिनु रबि उपरागा[10]॥
मंदोदरि उर कंपति भारी। प्रतिमा स्त्रवहिं नयन मग बारी॥

छंद—प्रतिमा रुदहिं[11] पबिपात[12] नभ अति बात बह डोलति मही।
बरषहिं बलाहक[13] रुधिर कच रज असुभ अति सक को कही॥
उतपात अमित बिलोकि नभ सुर बिकल बोलहिं जय जए।
सुर सभय जानि कृपाल रघुपति चाप सर जोरत भए॥

---

1. वेद 2. मंद बुद्धि 3. मक्खी 4. इच्छा 5. इसके 6. गधे 7. सियार 8. कुत्ते 9. पुच्छल तारे 10. सूर्यग्रहण 11. रोने लगीं 12. वज्रपात 13. बादल

दोहा—खैंचि सरासन श्रवन लगि छाड़े सर एकतीस।
रघुनायक सायक चले मानहुँ काल फनीस[1]॥ 109॥

सायक एक नाभि सर सोषा। अपर[2] लगे भुज सिर करि रोषा॥
लै सिर बाहु चले नाराचा[3]। सिर भुज हीन रुंड महि नाचा॥
धरनि धसइ धर धाव प्रचंडा। तब सर हति प्रभु कृत दुइ खंडा॥
गर्जेऊ मरत घोर रव[4] भारी। कहाँ रामु रन हतौं[5] पचारी[6]॥
डोली भूमि गिरत दसकंधर। छुभित[7] सिंधु सरि दिग्गज भूधर॥
धरनि परेउ द्वौ खंड बढ़ाई। चापि[8] भालु मर्कट समुदाई॥
मंदोदरि आगे भुज सीसा। धरि सर चले जहाँ जगदीसा॥
प्रबिसे[9] सब निषंग महुँ जाई। देखि सुरन्ह दुंदुभी बजाई॥
तासु तेज समान[10] प्रभु आनन। हरषे देखि संभु चतुरानन[11]॥
जय जय धुनि पूरी ब्रह्मंडा। जय रघुबीर प्रबल भुजदंडा॥
बरषहिं सुमन देव मुनि बृंदा। जय कृपाल जय जयति मुकुंदा॥

छंद—जय कृपा कंद मुकुंद द्वंद्व हरन सरन सुखप्रद प्रभो।
खल दल बिदारन परम कारन कारुनीक सदा बिभो॥
सुर सुमन बरषहिं हरष संकुल बाज दुंदुभि गहगही।
संग्राम अंगन राम अंग अनंग बहु सोभा लही॥
सिर जटा मुकुट प्रसून बिच बिच अति मनोहर राजहीं।
जनु नीलगिरि पर तड़ित पटल समेत उडुगन भ्राजहीं॥
भुजदंड सर कोदंड फेरत रुधिर कन तन अति बने।
जनु रायमुनी तमाल पर बैठी बिपुल सुख आपने॥

दोहा—कृपादृष्टि करि बृष्टि प्रभु अभय किए सुर बृंद।
भालु कीस सब हरषे जय सुख धाम मुकुंद॥ 110॥

---

1. सर्प 2. अन्य 3. बाण 4. आवाज़ 5. मारूँ 6. ललकार कर 7. क्षुब्ध 8. दबाते हुए 9. प्रविष्ट हो गए 10. समा गया 11. ब्रह्मा

उत्तर कांड

रामराज्य वर्णन

दैहिक दैविक भौतिक तापा। राम राज नहिं काहुहि ब्यापा[1]॥
सब नर करहिं परस्पर प्रीती। चलहिं स्वधर्म निरत श्रुति[2] नीती॥
चारिउ[3] चरन धर्म जग माहीं। पूरि रहा सपनेहुँ अघ[4] नाहीं॥
राम भगति रत नर अरु नारी। सकल परम गति के अधिकारी॥
अल्पमृत्यु नहिं कवनिउ[5] पीरा। सब सुंदर सब बिरुज[6] सरीरा॥
नहिं दरिद्र कोउ दुखी न दीना। नहिं कोउ अबुध[7] न लच्छन हीना॥
सब निर्दंभ धर्मरत पुनी। नर अरु नारि चतुर सब गुनी॥
सब गुनग्य पंडित सब ग्यानी। सब कृतज्ञ नहिं कपट सयानी[8]॥

दोहा—राम राज नभगेस सुनु सचराचर जग माहिं।
काल कर्म सुभाव गुन कृत दुख काहुहि नाहिं॥ 111॥

भूमि सप्त सागर मेखला[9]। एक भूप रघुपति कोसला॥
भुअन[10] अनेक रोम प्रति जासू। यह प्रभुता कछु बहुत न तासू॥
सो महिमा समुझत प्रभु केरी। यह बरनत हीनता घनेरी॥
सोउ महिमा खगेस[11] जिन्ह जानी। फिरि एहिं चरित तिन्हहुँ रति[12] मानी॥
सोउ जाने कर फल यह लीला। कहहिं महा मुनिबर दम[13] सीला॥
राम राज कर सुख संपदा। बरनि न सकइ फनीस[14] सारदा॥
सब उदार सब पर उपकारी। बिप्र चरन सेवक नर नारी॥
एकनारि ब्रत रत सब झारी। ते मन बच क्रम[15] पति हितकारी॥

दोहा—दंड जतिन्ह[16] कर भेद जहँ नर्तक नृत्य समाज।
जीतहु मनहि सुनिअ अस रामचंद्र के राज॥ 112॥

---

1. व्यापते 2. वेद 3. चारों (धर्म के चारों चरण – सत्य, तप, दया, दान) 4. पाप 5. किसी प्रकार की 6. निरोग 7. अज्ञानी 8. धूर्त 9. शृंखला 10. लोक 11. गरुड़ 12. प्रेम 13. दमन 14. शेषनाग 15. कर्म 16. यतियों

फूलहिं फरहिं सदा तरु कानन। रहहिं एक सँग गज[1] पंचानन[2]॥
खग मृग सहज बयरु[3] बिसराई। सबन्हि परस्पर प्रीति बढ़ाई॥
कूजहिं[4] खग मृग नाना बृंदा। अभय चरहिं बन करहिं अनंदा॥
सीतल सुरभि पवन बह मंदा। गुंजत अलि लै चलि मकरंदा[5]॥
लता बिटप मागें मधु चवहीं[6]। मनभावतो धेनु पय[7] स्त्रवहीं॥
ससि[8] संपन्न सदा रह धरनी। त्रेता भइ कृतजुग कै करनी॥
प्रगटीं गिरिन्ह बिबिधि मनि खानी। जगदातमा भूप जग जानी॥
सरिता सकल बहहिं बर बारी। सीतल अमल स्वाद सुखकारी॥
सागर निज मरजादा रहहीं। डारहिं रत्न तटन्हि नर लहहीं॥
सरसिज संकुल सकल तड़ागा। अति प्रसन्न दस दिसा बिभागा॥

दोहा—बिधु महि पूर मयूखन्हि[9] रबि तप जेतनेहि[10] काज।
मागें बारिद देहिं जल रामचंद्र के राज॥ 113॥

कोटिन्ह[11] बाजिमेध[12] प्रभु कीन्हे। दान अनेक द्विजन्ह[13] कहँ दीन्हे॥
श्रुति पथ[14] पालक धर्म धुरंधर। गुनातीत अरु भोग पुरंदर[15]॥
पति अनुकूल सदा रह सीता। सोभा खानि सुसील बिनीता[16]॥
जानति कृपासिंधु प्रभुताई। सेवति चरन कमल मन लाई॥
जद्यपि गृहँ सेवक सेवकिनी। बिपुल सदा सेवा बिधि गुनी॥
निज कर गृह परिचरजा[17] करई। रामचंद्र आयसु[18] अनुसरई॥
जेहि बिधि कृपासिंधु सुख मानइ। सोइ कर श्री सेवा बिधि जानइ॥
कौसल्यादि सासु गृह माहीं। सेवइ सबन्हि मान मद नाहीं॥

दोहा—जासु कृपा कटाच्छु[19] सुर चाहत चितव न सोइ।
राम पदारबिंद[20] रति[21] करति सुभावहि[22] खोइ॥ 114॥

---

1. हाथी 2. सिंह 3. बैर 4. कूकते हैं 5. पराग 6. चुआ देते हैं, टपका देते हैं 7. दूध 8. शस्य, फ़सल 9. किरणों से 10. जितना ही 11. करोड़ों 12. अवश्मेध 13. ब्राह्मण 14. वैदिक मार्ग 15. इंद्र 16. वनिता, स्त्री 17. परिचर्या, सेवा 18. आज्ञा 19. कटाक्ष 20. चरण कमल 21. प्रेम 22. स्वभाव को

सेवहिं सानकूल सब भाई। राम चरन रति अति अधिकाई॥
प्रभु मुख कमल बिलोकत रहहीं। कबहुँ कृपाल हमहि कछु कहहीं॥
राम करहिं भ्रातन्ह पर प्रीती। नाना भाँति सिखावहिं नीती॥
हरषित रहहिं नगर के लोगा। करहिं सकल सुर दुर्लभ भोगा॥
अहनिसि[1] बिधिहि मनावत रहहीं। श्री रघुबीर चरन रति चहहीं॥
दुइ सुत सुंदर सीताँ जाए[2]। लव कुस बेद पुरानन्ह गाए॥
दोउ बिजई[3] बिनई[4] गुन मंदिर। हरि प्रतिबिंब मनहुँ अति सुंदर॥
दुइ दुइ सुत सब भ्रातन्ह केरे। भए रूप गुन सील घनेरे॥

दोहा—ग्यान गिरा[5] गोतीत[6] अज माया मन गुन पार।
सोइ सच्चिदानंद घन कर नर चरित उदार॥ 115॥

कलियुग वर्णन

तेहि कलिजुग कोसलपुर जाई। जन्म भयउँ सूद्र तनु[7] पाई॥
सिव सेवक मन क्रम अरु बानी। आन[8] देव निंदक अभिमानी॥
धन मद मत्त परम बाचाला[9]। उग्रबुद्धि उर दंभ बिसाला॥
जदपि रहेउँ रघुपति रजधानी। तदपि न कछु महिमा तब जानी॥
अब जाना मैं अवध प्रभावा। निगमागम पुरान अस गावा॥
कवनेहुँ जन्म अवध बस जोई। राम परायन सो परि होई॥
अवध प्रभाव जान तब प्रानी। जब उर बसहिं रामु धनु[10] पानी[11]॥
सो कलिकाल कठिन कुरगारी[12]। पाप परायन सब नर नारी॥

दोहा—कलिमल[13] ग्रसे धर्म सब लुप्त भए सदग्रंथ।
दंभिन्ह निज मति कल्पि करि प्रगट किए बहु पंथ॥ 116(क)॥
भए लोग सब मोहबस लोभ ग्रसे सुभ कर्म।
सुनु हरिजान[14] ग्यान निधि कहउँ कछुक कलिधर्म॥ 116(ख)॥

---

1. अहर्निश, रात-दिन 2. उत्पन्न किए 3. विजयी 4. विनयशील 5. वाणी 6. इंद्रियातीत 7. शरीर 8. अन्य 9. वाचाल, बहुत बोलने वाला 10. धनुष 11. हाथ 12. गरुड़ 13. कलि के पाप 14. गरुड़

बरन धर्म नहिं आश्रम चारी। श्रुति बिरोध रत सब नर नारी।
द्विज श्रुति बेचक भूप प्रजासन[1]। कोउ नहिं मान निगम अनुसासन॥
मारग सोइ जा कहुँ जोइ भावा। पंडित सोइ जो गाल बजावा[2]॥
मिथ्यारंभ दंभ रत जोई। ता कहुँ संत कहइ सब कोई॥
सोइ सयान[3] जो परधन हारी। जो कर दंभ सो बड़ आचारी॥
जो कह झूठ मसखरी जाना। कलिजुग सोइ गुनवंत बखाना॥
निराचार जो श्रुति पथ त्यागी। कलिजुग सोइ ग्यानी सो बिरागी॥
जाके नख अरु जटा बिसाला। सोइ तापस प्रसिद्ध कलिकाला॥

दोहा—असुभ बेष भूषन धरें भच्छाभच्छ[4] जे खाहिं।
तेइ जोगी तेइ सिद्ध नर पूज्य ते कलिजुग माहिं॥ 117(क)॥

सोरठा—जे अपकारी चार[5] तिन्ह कर गौरव मान्य तेइ।
मन क्रम बचन लबार[6] तेइ बकता कलिकाल महुँ॥ 117(ख)॥

नारि बिबस नर सकल गोसाईं। नाचहिं नट मर्कट[7] की नाईं॥
सूद्र द्विजन्ह उपदेसहिं ग्याना। मेलि[8] जनेऊ लेहिं कुदाना[9]॥
सब नर काम लोभ रत क्रोधी। देव बिप्र श्रुति संत बिरोधी॥
गुन मंदिर सुंदर पति त्यागी। भजहिं नारि पर पुरुष अभागी॥
सौभागिनीं बिभूषन हीना। बिधवन्ह[10] के सिंगार नबीना॥
गुर सिष[11] बधिर अंध का लेखा। एक न सुनइ एक नहिं देखा॥
हरइ सिष्य धन सोक न हरई। सो गुर घोर नरक महुँ परई॥
मातु पिता बालकन्हि बोलावहिं। उदर भरै सोइ धर्म सिखावहिं॥

दोहा—ब्रह्म ग्यान बिनु नारि नर कहहिं न दूसरि बात।
कौड़ी लागि लोभ बस करहिं बिप्र गुर घात॥ 118(क)॥
बादहिं[12] सूद्र द्विजन्ह सन हम तुम्ह ते कछु घाटि[13]।
जानइ ब्रह्म सो बिप्रबर आँखि देखावहिं डाटि॥ 118(ख)॥

---

1. प्रजा भक्षक 2. गाल बजाता है, डींग हाँकना 3. चतुर 4. भक्ष्य-अभक्ष्य 5. आचरण 6. बहुत और व्यर्थ बोलने वाला 7. बंदर 8. पहनकर 9. कुदान 10. विधवा के 11. शिष्य 12. विवाह 13. घटकर, कम

पर त्रिय[1] लंपट कपट सयाने। मोह द्रोह ममता लपटाने॥
तेइ अभेदबादी[2] ग्यानी नर। देखा मैं चरित्र कलिजुग कर॥
आपु गए अरु तिन्हहू घालहिं[3]। जे कहुँ सत मारग प्रतिपालहिं॥
कल्प कल्प भरि एक एक नरका। परहिं जे दूषहिं[4] श्रुति करि तरका[5]॥
जे बरनाधम[6] तेलि कुम्हारा। स्वपच किरात कोल कलवारा।
नारि मुई गृह संपति नासी। मूड़ मुड़ाइ होहिं संन्यासी॥
ते बिप्रन्ह सन आपु पुजावहिं। उभय[7] लोक निज हाथ नसावहिं॥
बिप्र निरच्छर लोलुप कामी। निराचार सठ बृषली[8] स्वामी॥
सूद्र करहिं जप तप ब्रत नाना। बैठि बरासन[9] कहहिं पुराना॥
सब नर कल्पित करहिं अचारा। जाइ न बरनि अनीति अपारा॥

दोहा—भए बरन संकर कलि भिन्नसेतु[10] सब लोग।
करहिं पाप पावहिं दुख भय रुज[11] सोक बियोग॥ 119(क)॥
श्रुति संमत हरि भक्ति पथ संजुत बिरति बिबेक।
तेहिं न चलहिं नर मोह बस कल्पहिं पंथ अनेक॥ 119(ख)॥

बहु दाम[12] सँवारहिं धाम जती[13]। बिषया हरि लीन्हि न रहि बिरती[14]॥
तपसी धनवंत दरिद्र गृही[15]। कलि कौतुक तात न जात कही॥
कुलवंति निकारहिं नारि सती। गृह आनहिं चेरि[16] निबेरि गति[17]॥
सुत मानहिं मातु पिता तब लौं। अबलानन[18] दीख नहीं जब लौं॥
ससुरारि पिआरि लगी जब तें। रिपुरूप[19] कुटुंब भए तब तें॥
नृप पाप परायन धर्म नहीं। करि दंड बिडंब[20] प्रजा नितहीं॥
धनवंत कुलीन मलिन[21] अपी[22]। द्विज चिन्ह जनेउ उघार[23] तपी॥
नहिं मान पुरान न बेदहि जो। हरि सेवक संत सही कलि सो॥

1. पराई स्त्री 2. अद्वैतवादी 3. नष्ट करते हैं 4. बुराई करते हैं 5.तर्क 6. अधम वर्ण 7. दोनों 8. व्यभिचारी 9. श्रेष्ठ आसन 10. मर्यादाच्युत 11. रोग 12. धन 13. यति 14. वैराग्य 15. गृहस्थ 16. दासी 17. मर्यादा त्यागकर 18. स्त्री का मुँह 19. शत्रुरूप 20. दुर्दशा 21. छोटी जाति 22. भी 23. नंगा बदन

कबि बृंद उदार दुनी न सुनी। गुन दूषक ब्रात न कोपि गुनी॥
कलि बारहिं बार दुकाल परै। बिनु अन्न दुखी सब लोग मरै॥

दोहा—सुनु खगेस कलि कपट हठ दंभ द्वेष पाषंड।
मान मोह मारादि मद ब्यापि रहे ब्रह्मांड॥ 120(क)॥
तामस धर्म करिहिं नर जप तप ब्रत मख[1] दान।
देव न बरषहिं धरनी बए[2] न जामहिं[3] धान॥ 120(ख)॥

---

1. यज्ञ 2. बौना 3. उगाते हैं

विनय पत्रिका

गाइये गनपति जगबंदन। संकर-सुवन[1] भवानी नंदन॥ 1॥
सिद्धि-सदन, गजबदन, बिनायक। कृपा-सिंधु, सुंदर सब-लायक॥ 2॥
मोदक-प्रिय, मुद-मंगल-दाता। बिद्या-बारिधि[2], बुद्धि बिधाता॥ 3॥
माँगत तुलसिदास कर जोरे। बसहिं रामसिय मानस मोरे॥ 4॥ 1॥

बावरो रावरो नाह[3] भवानी।
दानि बड़ो दिन देत दये बिनु, बेद-बड़ाई भानी॥ 1॥
निज घर की घरबात[4] बिलोकहु, हौ तुम परम सयानी।
सिव की दई संपदा देखत, श्री[5]-सारदा सिहानी॥ 2॥
जिनके भाल लिखी लिपि मेरी, सुख की नहीं निसानी।
तिन रंकन कौ नाक सँवारत, हौं आयो नकबानी[6]॥ 3॥
दुख-दीनता दुखी इनके दुख, जाचकता[7] अकुलानी।
यह अधिकार सौंपिये औरहिं, भीख भली मैं जानी॥ 4॥
प्रेम-प्रसंसा-बिनय-ब्यंगजुत, सुनि बिधि की बर बानी।
तुलसी मुदित महेस मनहिं मन, जगत-मातु मुसुकानी॥ 5॥ 2॥

सेइअ सहित सनेह देह भरि, कामधेनु कलि कासी।
समनि सोक-संताप-पाप-रुज[8], सकल-सुमंगल-रासी॥ 1॥
मरजादा[9] चहुँओर चरनबर, सेवत सुरपुर-बासी।
तीरथ सब सुभ अंग रोम सिवलिंग अमित अबिनासी॥ 2॥

---

1. शंकर के पुत्र, गणेश 2. विद्या के समुद्र 3. नाथ 4. घरेलू संपत्ति 5. लक्ष्मी 6. नाकों में दम 7. माँगने का स्वभाव 8. रोग 9. मर्यादा

अंतराइन[1] ऐन भल, थन फल, बच्छ बेद-बिस्वासी।
गलकंबल[2] बरुश[3] बिभाति जनु, लूम[4] लसति, सरिताऽसी॥ 3॥
दंडपानि भैरव बिषान[5], मलरुचि[6]-खलगन-भयदा-सी।
लोलदिनेस त्रिलोचन लोचन, करनघंट घंटा-सी॥ 4॥
मनिकर्निका बदन-ससि सुंदर, सुरसरि-सुख सुखमा-सी।
स्वारथ परमारथ परिपूरन, पंचकोसि महिमा-सी॥ 5॥
बिस्वनाथ पालक कृपालुचित, लालति नित गिरिजा-सी।
सिद्धि सची, सारद पूजहिं मन जोगवति रहति रमा-सी॥ 6॥
पंचाच्छरी प्रान, मुद माधव[7], गब्य[8] सुपंचनदा-सी।
ब्रह्म-जीव-सम राम नाम जुग, आखर बिस्व बिकासी॥ 7॥
चारितु चरति करम कुकरम करि, मरत जीवगन घासी।
लहत परमपद पय पावन, जेहि चहत प्रपंच-उदासी[9]॥ 8॥
कहत पुरान रची केसव निज कर-करतूति कला-सी।
तुलसी बसि हरपुरी राम जपु, जो भयो चहै सुपासी[10]॥ 9॥ 3॥

ताकिहै तमकि[11] ताकी ओर को।
जाको है सब भाँति भरोसो कपि केसरी-किसोर को॥ 1॥
जन-रंजन अरिगिन[12]-गंजन मुख-भंजन खल बरजोर[13] को।
बेद-पुरान-प्रगट पुरुषारथ सकल-सुभट-सिरमोर को॥ 2॥
उथपे-थपन, थपे उथपन पन, बिबुधबृंद[14] बँदिछोर को।
जलधि लाँघि दहि लंक प्रबल बल दलन निसाचर घोर को॥ 3॥
जाको बालबिनोद समुझि जिय डरत दिवाकर भोर को।
जाकी चिबुक-चोट[15] चूरन किय रद-मद कुलिस कठोर को॥ 4॥
लोकपाल अनुकूल बिलोकिवो चहत बिलोचन-कोर को।
सदा अभय, जय, मुद-मंगलमय जो सेवक रन रोर[16] को॥ 5॥

---

1. परिक्रमावाली भूमि 2. गाय या बैल के गले का लटकता भाग 3. एक नदी 4. पूँछ 5. सींग 6. बुराइयों में प्रवृत्त 7. बिंदु माधव 8. पंचगव्य 9. माया मुक्त 10. सुखी 11. क्रोध कर 12. शत्रु समूह 13. शक्तिशाली 14. देव गण 15. ठुड्डी की चोट 16. रोला, झगड़ा

भगत-कामतरु नाम राम परिपूरन चंद चकोर को।
तुलसी फल चारो करतल जस गावत गई बहोर[1] को॥ 6॥ 4॥

कबहुँक अंब[2], अवसर पाइ[3]।
मेरिऔ[4] सुधि[5] द्याइबी[6], कछु करुन-कथा चलाइ॥ 1॥
दीन, सब अँगहीन, छीन, मलीन, अधी[7] अघाइ।
नाम लै भरै उदर एक प्रभु-दासी-दास कहाइ॥ 2॥
बूझिहैं 'सो है कोन', कहिबी नाम दसा जनाइ।
सुनत राम कृपालुके मेरी बिगरीऔ बनि जाइ॥ 3॥
जानकी जगजननि जनकी किये बचन सहाइ।
तरै तुलसीदास भव तव नाथ-गुन-गन गाइ॥ 4॥ 5॥

श्री रामचंद्र कृपालु भजु मन हरण भवभय दारुणं।
नवकंज-लोचन, कंज-मुख, कर-कंज, पद कंजारुणं[8] ॥ 1॥
कंदर्प[9] अगणित अमित छवि, नवनील नीरद सुंदरं।
पट पीत मानहु तड़ित रुचि शुचि नौमि[10] जनक सुतावरं॥ 2॥
भजु दीनबंधु दिनेश दानव-दैत्य-वंश निकंदनं[11]।
रघुनंद आनंदकंद कौशलचंद दशरथ-नंदनं॥ 3॥
सिर मुकुट कुंडल तिलक चारु उदारु अंग विभूषणं।
आजानुभुज[12] शर-चाप-धर, संग्राम-जित-खरदूषणं॥ 4॥
इति वदति[13] तुलसीदास, शंकर शेष मुनि-मन-रंजनं[14]।
मम हृदयकंज[15] निवास कुरू[16], कामादि खल दल[17] गंजनं[18] ॥5॥6॥

बंदौ रघुपति करुना-निधान। जाते छूटै भव-भेद-ग्यान[19] ॥ 1॥
रघुबंस-कुमुद-सुखप्रद निसेस[20]। सेवत पद-पंकज अज[21] महेस॥ 2॥

---

1. लौटा लाने वाला 2. माता 3. पाकर 4. मेरी भी 5. स्मरण 6. दिलाना 7. पापी 8. लाल कमल 9. कामदेव 10. नमामि 11. नाशक 12. घुटनों तक लंबी भुजाएँ 13. कहते हैं, प्रार्थना करते हैं 14. मन को प्रसन्न करने वाले 15. हृदय कमल 16. करें 17. दुष्टों का समूह 18. नाश करने वाले 19. प्रपंचमूलक भेद ज्ञान 20. चंद्रमा 21. ब्रह्मा

निज भक्त-हृदय-पाथोज[1]-भृंग। लावन्य बपुष[2] अगनित अनंग॥ 3॥
अति प्रबल मोह-तम-मारतंड[3]। अग्यान-गहन-पावक प्रचंड॥ 4॥
अभिमान-सिंधु-कुंभज[4] उदार। सुररंजन, भंजन भूमिभार॥ 5॥
रागादि-सर्पगन-पन्नगारि[5]। कंदर्प-नाग[6]-मृगपति[7], मुरारि॥ 6॥
भव-जलधि-पोत चरनारबिंद। जानकी-रवन आनंद-कंद॥ 7॥
हनुमंत-प्रेम-बापी-मराल[8]। निष्काम कामधुक गो दयाल॥ 8॥
त्रैलोक-तिलक, गुनगहन राम। कह तुलसिदास बिश्राम-धाम[9]॥ 9॥ 7॥

राम जपु, राम जपु, राम जपु बावरे।
घोर भव-नीर-निधि[10] नाम निज नाव रे॥ 1॥
एक ही साधन सब रिद्धि-सिद्धि साधि रे।
ग्रसे कलि-रोग जोग-संजम-समाधि रे॥ 2॥
भलो जो है, पोच[11] जो है, दाहिनो जो, बाम रे।
राम-नाम ही सों अंत सब ही को काम रे॥ 3॥
जग नभ-बाटिका रही है फलि फूलि रे।
धुवाँ कैसे धौरहर[12] देखि तू न भूलि रे॥ 4॥
राम-नाम छाड़ि जो भरोसो करै और रे।
तुलसी परोसो त्यागि माँगै कूर[13] कौर रे॥ 5॥ 8॥

ऐसेहू साहब की सेवा सों होत चोरु रे।
आपनी न बुझ, न कहै को राढ़रोर[14] रे॥ 1॥
मुनि-मन-अगम, सुगम माइ-बापु सों।
कृपासिंधु, सहज सखा, सनेही आपु सों[15] ॥ 2॥
लोक-बेद-बिदित बड़ो न रघुनाथ सों।
सब दिन दब देस, सबहि के साथ सों॥ 3॥
स्वामी सरबग्य सों चलै न चोरी चार[16] की।
प्रीति पहिचानि यह रीति दरबार की॥ 4॥

1. कमल 2. शरीर 3. सूर्य 4. अगस्त्य 5. गरुड़ 6. कामदेव 7. सिंह 8. हंस 9. शांति का घर 10. संसार रूपी समुद्र 11. बुरा 12. प्रासाद, महल 13. उबला चावल आदि 14. रुकना 15. स्वयं ही 16. सेवक

काय न कलेस-लेस, लेत मान मन की।
सुमिरे सकुचि रुचि जोगवत जन की॥ 5॥
रीझे बस होत, खीझे[1] देत निज धाम रे।
फलत सकल फल कामतरु नाम रे॥ 6॥
बेंचे खोटो दाम न मिलै, न राखे काम रे।
सोऊ तुलसी निवाज्यो ऐसो राजाराम रे ॥ 7॥ 9॥

जागु, जागु, जीव जड़! जोहै[2] जग-जामिनी[3]।
देह-गेह-नेह जानि जैसे घन-दामिनी॥ 1॥
सोवत सपनेहूँ सहै संसृति-संताप रे।
बूड्यो मृगबारि[4] खायो जेवरी[5] को साँप रे॥ 2॥
कहैं बेद-बुध[6], तू तो बूझि मनमाहिं रे।
दोष-दुख सपने के जागे ही पै जाहिं रे॥ 3॥
तुलसी जागेते जाय ताप तिहुँ[7] ताय[8] रे।
राम-नाम सुचि रुचि सहज सुभाय रे॥ 4॥ 10॥

खोटो खरो रावरो हौं, रावरी सौं, रावरे सों झूठ क्यों कहौंगो,
जानो सब ही के मन की।
करम-बचन-हिये, कहौं न कपट किये, ऐसी हठ जैसी गाँठि
पानी परे सनकी ॥ 1॥
दूसरो, भरोसो नाहिं बासना उपासना की, बासव[9], बिरंचि
सुर-नर-मुनिगन की।
स्वारथ के साथी मेरे, हाथी स्वान[10] लेवा देई, काहू तो न पीर
रघुबीर! दीन जन की ॥ 2॥
साँप-सभा साबर[11] लबार भये देव दिब्य, दुसह साँसति[12] कीजै
आगे ही या तन की।
साँचे परौं, पाँऊ पान[13], पंचमें पन प्रमान, तुलसी चातक आस
राम स्यामघन की ॥ 3॥ 11॥

---

1. झुँझलाकर 2. देखो 3. यामिनी, रात 4. मृगतृष्णा 5. रस्सी 6. विद्वान 7. तीनों ताप—दैहिक, दैविक, भौतिक 8. ताप 9. इंद्र 10. कुत्ता 11. सर्प मंत्र जानने या झाड़-फूँक करने वाले 12. संकट, दुःख 13. आदर पाना (मुहावरा)।

राम को गुलाम, नाम रामबोला राख्यौ राम,
काम यहै, नाम द्वै हौ कबहूँ कहत हौं।
रोटी-लूगा[1] नीके राखै, आगेहू की बेद भाखै,
भलो ह्वैहै तेरो, ताते आनंद लहत हौं॥ 1॥
बाँध्यौ हौं करम जड़ गरब गूढ़ निगड़[2],
सुनत दुसह हौं तौ साँसति सहत हौं।
आरत-अनाथ-नाथ, कौसलपाल कृपाल,
लीन्हौ छीन दीन देख्यो दुरित[3] दहत हौं॥ 2॥
बूझ्यौ ज्यौं ही, कह्यो, मैं हूँ चेरो ह्वैहौ रावरो जू
मेरो कोऊ कहूँ नाहिं, चरन गहत हौं।
मींजो[4] गुरु पीठ, अपनाइ गहि बाँह, बोलि
सेवक-सुखद, सदा बिरद बहत हौं॥ 3॥
लोग कहै पोच, सो न सोच न सँकोच मेरे
ब्याह न बरेखी[5], जाति-पाँति न चहत हौं।
तुलसी अकाज-काज राम ही के रीझे-खीझे,
प्रीतिकी प्रतीति मन मुदित रहत हौं॥ 4॥ 12॥

तू दयालु, दीन हौं तू दानि, हौं[6] भिखारी।
हौं प्रसिद्ध पातकी, तू पाप-पुंज-हारी॥ 1॥
नाथ तू अनाथ को, अनाथ कौन मोसो
मो समान आरत नहिं, आरतिहर तोसो॥ 2॥
ब्रह्म तू, हौं जीव, तू है ठाकुर, हौं चेरो[7]।
तात-मात, गुरु-सखा, तू सब बिधि हितु मेरो॥ 3॥
तोहिं मोहिं नाते[8] अनेक, मानियै जो भावै।
ज्यों त्यों, तुलसी कृपालु! चरन-सरन पावै॥ 4॥ 13॥

---

1. वस्त्र 2. बंधन 3. पाप 4. थपथपाओ 5. वर की खोज 6. मैं 7. दास 8. संबंध

तौ तू पछितैहै मन मींजि हाथ[1]।
भयो है सुगम तोको अमर-अगम तन, समुझि धौं कत खोवत अकाथ[2] ॥ 1 ॥
सुख-साधन हरिबिमुख बृथा जैसे श्रम फल घृतहित मथे पाथ[3]।
यह बिचारि, तजि कुपथ-कुसंगति चलि सुपंथ मिलि भले साथ ॥ 2 ॥
देखु-राम-सेवक, सुनि कीरति, रटहि नाम करि गान गाथ[4]।
हृदय आनु धनुबान-पानि प्रभु, लसे मुनिपट, कटि कसे भाथ॥ 3 ॥
तुलसिदास परिहरि प्रपंच सब, नाउ रामपद-कमल माथ।
जनि डरपहि तोसे अनेक खल[5], अपनाये जानकीनाथ॥ 4 ॥ 14 ॥

सुनु मन मूढ़ सिखावन मेरो।
हरि-पद-बिमुख लह्यो न काहु सुख सठ[6]! यह समुझ सबेरो[7] ॥ 1 ॥
बिछुरे ससि-रबि मन-नैननितें, पावत दुख बहुतेरो।
भ्रमत श्रमित निसि-दिवस गगन महँ, तहँ रिपु राहु बडेरो[8] ॥ 2 ॥
जद्यपि अति पुनित सुरसरिता, तिहुँ पुर सुजस घनेरो।
तजे चरन अजहूँ न मिटत नित, बहिबो ताहू केरो॥ 3 ॥
छुटै न बिपति भजे बिनु रघुपति, श्रुति संदेहु निबेरो[9]।
तुलसिदास सब आस छाँड़ि करि, होहु राम को चेरो॥ 4 ॥ 15 ॥

कबहूँ मन बिश्राम न मान्यो।
निसिदिन भ्रमत बिसारि सहज सुख, जहँ तहँ इंद्रिन तान्यो[10] ॥ 1 ॥
जदपि बिषय-सँग सह्यो दुसह दुख, बिषम जाल अरुझान्यो[11]।
तदपि न तजत मूढ़ ममताबस, जानतहूँ नहिं जान्यो॥ 2 ॥
जनम अनेक किये नाना बिधि करम-कीच चित सान्यो।
होइ न बिमल बिबेक-नीर बिनु, बेद पुरान बखान्यो॥ 3 ॥
निज हित नाथ पिता गुरु हरिसों हरषि हदै नहि आन्यो।
तुलसिदास कब तृषा जाय सर खनतहि[12] जनम सिरान्यो[13] ॥ 4 ॥ 16 ॥

---

1. हाथ मलना, पश्चाताप करना (मुहावरा) 2. व्यर्थ 3. पानी 4. गाथा 5. दुष्ट, पापी 6. मूर्ख 7. शीघ्र 8. बड़ा 9. निवारण 10. फैलाया 11. उलझ गया 12. खोदते हुए 13. बीत गया

ऐसी मूढ़ता या मन की।
परिहरि राम-भगति-सुरसरिता, आस करत ओसकन की॥ 1॥
धूम-समूह निरखि चातक ज्यो, तृषित जानि मति घन की।
नहिं तहँ सीतलता न बारि, पुनि हानि होति लोचन की॥ 2॥
ज्यो गच-काँच[1] बिलोकि सेन[2] जड छाँह आपने तन की।
टूटत अति आतुर अहार बस, छति बिसारि आनन की॥ 3॥
कहँ लौं कहौं कुचाल कृपानिधि! जानत हौ गति जन की।
तुलसिदास प्रभु हरहु दुसह दुख, करहु लाज निज पन की॥ 4॥ 17॥

नाचत ही निसि-दिवस मर्‍यो[3]।
तब ही ते न भयो हरि थिर जबतें जिव नाम धर्‍यो॥ 1॥
बहु बासना बिबिध कंचुकि भूषन लोभादि भर्‍यो।
चर अरु अचर गगन जल थल में, कौन न स्वाँग[4] कर्‍यो॥ 2॥
देव-दनुज, मुनि, नाग, मनुज नहिं जाँचत कोउ उबर्‍यो।
मेरो दुसह दरिद्र, दोष, दुख काहू तौ न हर्‍यो॥ 3॥
थके नयन, पद, पानि, सुमति, बल, संग सकल बिछुर्‍यो।
अब रघुनाथ सरन आयो जन, भव, भय बिकल डर्‍यो॥ 4॥
जेहि गुनतें बस होहु रीझि करि, सो मोहि सब बिसर्‍यो।
तुलसिदास निज भवन-द्वार प्रभु दीजै रहन पर्‍यो॥ 5॥ 18॥

तरु न मेरे अघ[5]-अवगुन गनिहैं।
जौ जमराज काज सब परिहरि, इहै ख्याल उर अनिहैं॥ 1॥
चलिहैं छूटि पुंज पापिन के, असमंजस जिय जनिहैं।
देखि खलल अधिकार प्रभू सों (मेरी) भूरि भलाई भनिहैं[6] ॥2॥
हँसि करिहैं परतीति भगत की भगत-सिरोमनि मनिहैं।
ज्यों त्यों तुलसिदास कोसलपति अपनायेहि पर बनिहैं[7]॥ 3॥ 19॥

---

1. काँच का आँगन 2. बाज 3. मरता रहा हूँ 4. नाटक 5. पाप 6. कहेंगे, सराहना करेंगे 7. बनेगा

जौ पै जिय धरिहौ अवगुन जन के ।
तौ क्यों कटत सुकृत-नखते[1] मो पै, बिपुल बृंद अघ-बन के ॥ 1 ॥
कहिहै कौन कलुष मेरे कृत, करम बचन अरु मन के।
हारहिं अमित सेष सारद श्रुति, गिनत एक-एक छन के ॥ 2 ॥
जो चित चढ़ै नाम-महिमा निज, गुनगन पावन पन के।
तो तुलसिहिं तारिहौ बिप्र ज्यों दसन तोरि[2] जमगन के ॥ 3 ॥ 20 ॥

जाउँ कहाँ तजि चरन तुम्हारे।
काको नाम पतित-पावन जग, केहि अति दीन पियारे ॥ 1 ॥
कौने देव बराइ[3] बिरद-हित, हठि हठि अधम उधारे।
खग, मृग, ब्याध, पाषान, बिटप जड़, जवन[4] कवन सुर तारे ॥ 2 ॥
देव, दनुज, मुनि, नाग, मनुज सब, माया-बिबस बिचारे।
तिनके हाथ दासतुलसी प्रभु, कहा अपनपौ हारे ॥ 3 ॥ 21 ॥

अबलौ नसानी, अब न नसैहौं।
राम-कृपा भव-निसा सिरानी[5], जागे फिरि न डसैहौं ॥ 1 ॥
पायेउँ नाम चारु चिंतामनि, उर कर तें न खसैहौं[6]।
स्यामरूप सुचि रुचिर कसौटी, चित कंचनहिं कसैहौं ॥ 2 ॥
परबस जानि हँस्यो इन इंद्रिन, निज बस ह्वै न हँसैहौं।
मन मधुकर पन[7] कै तुलसी रघुपति-पद-कमल बसैहौं ॥ 3 ॥ 22 ॥

केसव! कहि न जाइ का कहिये।
देखत तव रचना बिचित्र हरि! समुझि मनहिं मन रहिये ॥ 1 ॥
सून्य भीति[8] पर चित्र, रंग नहिं, तनु[9] बिनु लिखा चितेरे।
धोये मिटइ न मरइ भीति, दुख पाइये एहि तनु हेरे ॥ 2 ॥

---

1. सद्कार्य (पुण्य) रूपी नख से 2. दाँत तोड़कर (मुहावरा) 3. बचाते हुए 4. यवन 5. बीत गई 6. गिराऊँगा 7. प्रण 8. दीवार, आधार 9. शरीर

रबिकर-नीर[1] बसै अति दारुन मकर रूप तेहि माहीं।
बदन-हीन सो ग्रसै चराचर, पान करन जे जाहीं॥ 3॥
कोउ कह सत्य, झूठ कह कोऊ, जुगल प्रबल कोउ मानै।
तुलसिदास परिहरै तीन भ्रम, सो आपन पहिचानै॥ 4॥ 23॥

माधव! मोह-फाँस क्यों टूटै।
बाहिर कोटि उपाय करिय, अभ्यंतर ग्रन्थि[2] न छूटै॥ 1॥
घृतपूरन[3] कराह[4] अंतरगत ससि-प्रतिबिंब दिखावै।
ईंधन अनल लगाय कलपसत[5], औटत[6] नास न पावै॥ 2॥
तरु-कोटर[7] महँ बस बिहंग तरु काटे मरै न जैसे।
साधन करिय बिचार-हीन मन सुद्ध होइ नहिं तैसे॥ 3॥
अंतर मलिन बिषय मन अति, तन पावन करिय पखारे।
मरइ न उरग[8] अनेक जतन बलमीकि[9] बिबिध बिधि मारे॥ 4॥
तुलसिदास हरि-गुरु-करुना बिनु बिमल बिबेक न होई।
बिनु बिबेक संसार-घोर-निधि पार न पावै कोई॥ 5॥ 24॥

माधव! असि तुम्हारि यह माया।
करि उपाय पयि[10] मरिय, तरिय नहिं जब लगि करहु न दाया॥ 1॥
सुनिये, गुनिये, समुझिये, समुझाइये, दसा हृदय नहिं आवै।
जेहि अनुभव बिनु मोहजनित भव दारुन बिपति सतावै॥ 2॥
ब्रह्म-पियूष मधुर सीतल जो पै मन सो रस पावै।
तौ कत मृगजल-रूप बिषय कारन निसि-बासर धावै[11]॥ 3॥
जेहिके भवन बिमल चिंतामनि, सो कत काँच बटोरै।
सपने परबस परै, जागि देखत केहि जाइ निहोरै[12]॥ 4॥
ग्यान-भगति साधन अनेक, सब सत्य, झूठ कछु नाही।
तुलसिदास हरि-कृपा मिटै भ्रम, यह भरोस मनमाहीं॥ 5॥ 25॥

---

1. मृगतृष्णा मरीचिका 2. आंतरिक मोह की ग्रंथि 3. घी से भरा 4. कड़ाह 5. सैंकड़ों युग 6. खौलाते हुए 7. वृक्ष में छिद्र जिसमें पक्षी रहते हैं 8. साँप 9. बाँबी 10. प्रयत्न 11. दौड़ता है 12. मनुहार

हे हरि! कवन[1] जतन[2] भ्रम भागै।
देखत, सुनत, बिचारत यह मन, निज सुभाउ नहिं त्यागै॥ 1॥
भगति-ग्यान-बैराग्य सकल साधन यहि लागि उपाई।
कोउ भल कहउ, देउ कछु, असि बासना न उरते जाई॥ 2॥
जेहि निसि सकल जीव सूतहिं तव कृपापात्र जन जागै।
निज करनी बिपरीत देखि मोहिं समुझि महा भय लागै॥ 3॥
जद्यपि भग्न-मनोरथ बिधिबस, सुख इच्छत, दुख पावै।
चित्रकार करहीन जथा[3] स्वारथ बिनु चित्र बनावै॥ 4॥
हृषीकेश सुनि नाउँ[4] जाउँ बलि, अति भरोस जिय मोरे।
तुलसिदास इंद्रिय-संभव दुख, हरे बनिहिं प्रभु तोरे॥ 5॥ 26॥

ताते हौं बार बार देव! द्वार परि पुकार करत।
आरति, नति, दीनता कहें प्रभु संकट हरत॥ 1॥
लोकपाल सोक-बिकल रावन-डर डरत।
का सुनि सकुचे कृपालु नर-सरीर धरत॥ 2॥
कौसिक[5], मुनि-तीय[6], जनक सोच-अनल जरत।
साधन केहि सीतल भये, सो न समुझि परत॥ 3॥
केवट, खग, सबरि सहज चरन कमल न रत।
सनमुख तोहिं होत नाथ! कुतरु[7]-सुफरु[8] फरत॥ 4॥
बंधु-बैर कपि-बिभीषन गुरु गलानि गरत।
सेवा केहि रीझि राम, किये सरिस भरत॥ 5॥
सेवक भयो पवनपूत साहिब अनुहरत।
ताको लिये नाम राम सबको सुढर ढरत॥ 6॥
जाने बिनु राम-रीति पचि पचि[9] जग मरत।
परिहरि छल सरन गये तुलसिहु-से तरत॥ 7॥ 27॥

1. किस 2. यत्न 3. जैसे 4. नाम 5. विश्वामित्र 6. स्त्री 7. बुरा वृक्ष 8. सुंदर फल 9. श्रम करके

जो पै कृपा रघुपति कृपालुकी, बैर और के कहा सरै[1]।
होइ न बाँको बार[2] भगत को, जो कोउ कोटि उपाय करै॥ 1॥
तकै नीचु जो मीचु[3] साधु की, सो पामर[4] तेहि मीचू मरै।
बेद-बिदित प्रहलाद-कथा सुनि, को न भगति-पथ पाउँ धरै ॥2॥
गज उधारि हरि थप्यो बिभीषन, ध्रुव अबिचल कबहूँ न टरै।
अंबरीष की साप सुरति करि, अजहुँ महामुनि[5] ग्लानि गरै॥ 3॥
सों धौं कहा जु न कियो सुजोधन[6], अबुध[7] आपने मान जरै।
प्रभु-प्रसाद सौभाग्य बिजय-जस, पांडवनै बरिआइ[8] बरै॥ 4॥
जोइ जोइ कूप खनैगो परकहँ[9], सो सठ फिरि तेहि कूप परै।
सपनेहुँ सुख न संतद्रोहीकहँ, सुरतरु सोउ बिष-फरनि फरै॥ 5॥
है काके द्वै सीस ईस के जौ हठि जन की सीवँ[10] चरै।
तुलसिदास रघुबीर-बाहुबल सदा अभय काहु न डरै॥ 6॥ 28॥

रामचंद्र! रघुनायक तुमसों हौं बिनती केहि भाँति करौं।
अघ अनेक अवलोकि आपने, अनघ नाम अनुमानि डरौं॥ 1॥
पर-दुख दुखी सुखी पर-सुख ते, संत-सील नहिं हृदय धरौं।
देखि आनकी[11] बिपति परम सुख, सुनि संपति बिनु आगि जरौं॥ 2॥
भगति-बिराग-ग्यान साधन कहि बहु बिधि डहकत लोग फिरों।
सिव-सरबस सुखधाम नाम तव, बेचि नरकप्रद उदर भरौं॥ 3॥
जानत हौं निज पाप जलधि जिय, जल-सीकर सम सुनत लरौं।
रज-सम-पर अवगुन सुमेरु करि, गुन गिरि-सम रजतें निहरौं[12] ॥4॥
नाना बेष बनाय दिवस-निसि, पर-बित जेहि तेहि जुगुति हरौं।
एकौ पल न कबहुँ अलोल[13] चित हित दै पद-सरोज सुमिरौं॥ 5॥
जो आचरन बिचारहु मेरो, कलप कोटि लगि औटि मरौं।
तुलसिदास प्रभु कृपा-बिलोकनि, गोपद-ज्यों भवसिंधु तरौं॥ 6॥ 29॥

---

1. निर्वाह से 2. बाल बाँका नहीं होना, नुकसान नहीं होना (मुहावरा); 3. मृत्यु 4. नीच 5. दुर्वासा 6. दुर्योधन 7. मूर्ख 8. जबरन, बलपूर्वक; 9. दूसरों के लिए 10. सीमा 11. दूसरों की 12. अनादर करता हूँ 13. अचंचल

कृपासिंधु ताते रहौं निसिदिन मन मारे।
महाराज! लाज आपुही निज जाँघ उघारे[1]॥ 1॥
मिले रहैं, मार्‌यौ चहै कामादि संघाती[2]।
मो बिनु रहै न, मेरियै जारैं छल छाती॥ 2॥
बसत हिये हित जानि मैं सबकी रुचि पाली।
कियो कथक[3] को दंड हौं जड़ करम कुचाली॥ 3॥
देखी सुनी न आजु लौं अपनायति ऐसी।
करहिं सबै सिर मेरे ही फिरि परै अनैसी[4]॥ 4॥
बड़े अलेखी लखि परै, परिहरै न जाहीं।
असमंजस में मगन हौं, लीजै गहि बाहीं॥ 5॥
बारक[5] बलि अवलोकिये, कौतुक जन जी को।
अनायास मिटि जाइगो संकट तुलसी को॥ 6॥ 30॥

मेरे रावरियै[6] गति है रघुपति बलि जाउँ।
निल्लज नीच निरधन निरगुन कहँ, जग दूसरो न ठाकुर ठाउँ॥ 1॥
है घर-घर बहु भरे सुसाहिब, सूझत सबनि आपनो दाउँ।
बानर-बंधु बिभीषन-हितु बिनु, कोसलपाल कहूँ न समाउँ॥ 2॥
प्रनतारति[7]—भंजन जन-रंजन, सरनागत पबि[8]-पंजर नाउँ।
कीजै दास दासतुलसी अब, कृपासिंधु बिनु मोल बिकाउँ॥ 3॥ 31॥

कलि नाम कामतरु[9] राम को ।
दलनिहार दारिद दुकाल[10] दुख, दोष घोर घन घाम को॥ 1॥
नाम लेत दाहिनो[11] होत मन, बाम[12] बिधाता बाम को।
कहत मुनीस[13] महेस महातम, उलटे सूधे नाम को॥ 2॥
लोक-परलोक तासु जाके बल ललित-ललाम को।
तुलसी जग जानियत नाम ते सोच न कूच मुकाम को॥ 3॥ 32॥

---

1. अपनी जाँघ उघाड़ना, अपना रहस्य खोलना (मुहावरा) 2. मित्र 3. कत्थक नृत्य 4. अनिष्ट 5. एक बार 6. आप ही 7. दुःखियों के कष्ट दूर करने वाले 8. वज्र 9. कल्पवृक्ष 10. अकाल 11. अनुकूल 12. प्रतिकूल 13. वाल्मीकि

सेइये[1] सुसाहिब राम सो।
सुखद सुसील सुजान सूर सुचि, सुंदर कोटिक काम सो[2] ॥ 1 ॥
सारद सेस साधु महिमा कहैं, गुनगन-गायक साम[3] सो।
सुमिरि सप्रेम नाम जासों रति चाहत चंद्र-ललाम[4] सो ॥ 2 ॥
गमन बिदेस न लेस[5] कलेस को, सकुचत सुकृत प्रनाम सो।
साखी ताको बिदित बिभीषन, बैठो है अबिचल धाम सो ॥ 3 ॥
टहल सहल जन महल-महल, जागत चारो जुग जाम सो।
देखत दोष न रीझत, रीझत सुनि सेवक गुन-ग्राम सो ॥ 4 ॥
जाके भजे तिलोक-तिलक भये, त्रिजग जोनि तनु ताम सो।
तुलसी ऐसे प्रभुहिं भजै जो न ताहि बिधाता बाम सो ॥ 5 ॥ 33 ॥

कैसे देउँ नाथहिं खोरि[6]।
काम-लोलुप भ्रमत मन हरि भगति परिहरि तोरि ॥ 1 ॥
बहुत प्रीति पुजाइबे पर, पूजिबे पर थोरि।
देत सिख सिखयो न मानत, मूढ़ता असि मोरि ॥ 2 ॥
किये सहित सनेह जे अघ[7] हृदय राखे चोरि।
संग-बस किये सुभ सुनाये सकल लोक निहोरि[8] ॥ 3 ॥
करौं जो कछु धरौं सचि-पचि सुकृत-सिला[9] बटोरि।
पैठि उर बरबस दयानिधि दंभ लेत अँजोरि ॥ 4 ॥
लोभ मनहिं नचाव कपि ज्यों, गरे[10] आसा-डोरि।
बात कहौं बनाइ बुध[11] ज्यों, बर बिराग निचोरि ॥ 5 ॥
एतेहुँ पर तुम्हरो कहावत, लाज अँचई घोरि।
निरलजता पर रीझि रघुबर, देहु तुलसिहिं छोरि ॥ 6 ॥ 34 ॥

ऐसो को उदार जग माहीं।
बिनु सेवा जो द्रवै दीन पर राम सरिस[12] कोउ नाहीं ॥ 1 ॥
जो गति जोग बिराग जतन करि नहिं पावत मुनि ग्यानी।

---

1. सेवा कीजिए 2. जैसा 3. सामवेद 4. चंद्रमा है जिसका आभूषण अर्थात् शिव 5. थोड़ा 6. दोष 7. पाप 8. निहोरा करते हुए 9. खेतों में घिरा हुआ अन्न 10. गले 11. विद्वान 12. समान

सो गति देत गीध[1] सबरी कहँ प्रभु न बहुत जिय जानी॥ 2॥
जो संपति दस सीस अरप करि रावन सिव पहँ लीन्हीं।
सो संपदा बिभीषन कहँ अति सकुच-सहित हरि दीन्ही ॥ 3॥
तुलसिदास सब भाँति सकल सुख जो चाहसि[2] मन मेरो।
तौ भजु राम, काम सब पूरन करै कृपानिधि तेरो॥ 4॥ 35॥

रघुबर! रावरि यहै बड़ाई।
निदरि[3] गनी[4] आदर गरीब पर, करत कृपा अधिकाई॥ 1॥
थके देव साधन करि सब, सपनेहु नहिं देत दिखाई।
केवट कुटिल भालु कपि कौनप[5], कियो सकल संग भाई॥ 2॥
मिलि मुनिबृंद फिरत दंडक बन, सो चरचौ न चलाई।
बारहि बार गीध सबरी की बरनत प्रीति सुहाई॥ 3॥
स्वान कहे तें कियो पुर बाहिर, जती गयंद चढ़ाई।
तिय-निंदक[6] मतिमंद प्रजा रज[7] निज नय नगर बसाई॥ 4॥
यहि दरबार दीन को आदर, रीति सदा चलि आई।
दीनदयालु दीन तुलसी की काहु न सुरति कराई॥ 5॥ 36॥

रघुपति-भगति करत कठिनाई।
कहत सुगम करनी अपार जानै सोइ जेहि बनि आई ॥ 1॥
जो जेहि कला कुसल ताकहँ सोइ सुलभ सदा सुखकारी।
सफरी[8] सनमुख जल-प्रवाह सुरसरी बहै गज भारी ॥ 2॥
ज्यों सर्करा मिलै सिकता[9] महँ, बलतें न कोउ बिलगावै।
अति रसस्य सूच्छम पिपीलिका[10], बिनु प्रयास ही पावै॥ 3॥
सकल दृश्य निज उदर मेलि, सोवे निद्रा तजि जोगी।
सोइ हरिपद अनुभवै परम सुख, अतिसय द्वैत-बियोगी॥ 4॥
सोक मोह भय हरष दिवस-निसि देस-काल तहँ[11] नाहीं।
तुलसिदास यहि दसाहीन संसय निरमूल न जाहीं॥ 5॥ 37॥

---

1. गिद्ध 2. चाहता है 3. निरादर 4. धनी 5. राक्षस 6. स्त्री (सीता) की निंदा करने वाला 7. धोबी 8. मछली 9. रेत 10. चींटी 11. वहाँ

जो मोही राम लागते मीठे।
तौ नवरस[1] षटरस-रस अनरस[2] ह्वै जाते सब सीठे[3] ॥ 1 ॥
बंचक[4] बिषय बिबिध तनु धरि अनुभवे सुने अरु डीठे।
यह जानत हौं हृदय आपने सपने न अघाइ उबीठे[5] ॥ 2 ॥
तुलसिदास प्रभु सों एहि बल बचन कहत अति ढीठे।
नाम की लाज राम करुनाकर केहि न दिये कर चीठे[6] ॥ 3 ॥ 38 ॥

कबहुँक हौं यहि रहनि[7] रहौंगो।
श्रीरघुनाथ-कृपालु-कृपा तें संत-सुभाव गहौंगो[8] ॥ 1 ॥
जथालाभ संतोष सदा, काहू सों कछु न चहौंगो।
पर-हित-निरत[9] निरंतर, मन क्रम बचन नेम[10] निबहौंगो ॥ 2 ॥
परुष[11] बचन अति दुसह श्रवन सुनि तेहि पावक न दहौंगो।
बिगत मान, सम शीतल मन, परगुन नहिं दोष कहौंगो ॥ 3 ॥
परहरि देह-जनित चिंता, दुख-सुख समबुद्धि सहौंगो।
तुलसिदास प्रभु यहि पथ रहि अबिचल हरि-भगति लहौंगो[12] ॥ 4 ॥ 39 ॥

जाके प्रिय न राम-बैदेही[13]।
तजिये ताहि कोटि बैरी[14] सम, जद्यपि परम सनेही ॥ 1 ॥
तज्यो पिता प्रहलाद, बिभीषन बंधु, भरत महतारी।
बलि गुरु[15] तज्यो कंत ब्रज-बनितन्हि, भये मुद-मंगलकारी ॥ 2 ॥
नाते[16] नेह राम के मनियत सुहृद सुसेब्य जहाँ लों।
अंजन कहा आँखि जेहि फूटै, बहुतक कहौं कहाँ लौं ॥ 3 ॥
तुलसि सो सब भाँति परम हित पूज्य प्रान ते प्यारो।
जासों होय सनेह राम-पद, एतो मतो हमारो ॥ 4 ॥ 40 ॥

---

1. नौ रस (शृंगार, हास्य, करुण, वीर, रौद्र, भयानक, वीभत्स, अद्‌भुत, शांत) 2. रसहीन 3. फीका, स्वादहीन 4. ठग 5. डूबने लगता हूँ 6. चिट्ठी 7. निर्वाह का ढंग 8. ग्रहण करूँगा 9. संलग्न 10. नियम 11. कठोर 12. लूँगा 13. सीता 14. शत्रु 15. शुक्राचार्य (बलि के गुरु) 16. संबंध

जो पै रहनि राम सों नाहीं।
तौ नर खर कूकर सूकर सम बृथा जियत जग माहीं॥ 1॥
काम, क्रोध, मद, लोभ, नींद, भय, भूख, प्यास सबही के।
मनुज देह सुर-साधु सराहत, सो सनेह सिय-पी[1] के॥ 2॥
सूर, सुजान, सपूत सुलच्छन गनियत गुन गरुआई[2]।
बिनु हरिभजन इँदारुन[3] के फल तजत नहीं करुआई[4]॥ 3॥
कीरति, कुल करतूति, भूति भलि, सील, सरूप सलोने।
तुलसी प्रभु-अनुराग-रहित जस सालन साग[5] अलोने[6]॥ 4॥ 41॥

कौन जतन बिनती करिये।
निज आचरन बिचारि हारि हिय मानि जानि डरिये॥ 1॥
जेहि साधन हरि! द्रवहु[7] जानि जन सो हठि परिहरिये।
जाते बिपति-जाल निसिदिन दुख, तेहि पथ अनसरिये॥ 2॥
जानत हूँ मन बचन करम पर-हित कीन्हें तरिये।
सो बिपरीत देखि पर-सुख, बिनु कारन ही जरिये[8]॥ 3॥
श्रुति पुरान सबको मत यह सतसंग सुदृढ़ धरिये।
निज अभिमान मोह इरिषा बस तिनहिं न आदरिये॥ 4॥
संतत सोइ प्रिय मोहिं सदा जातें भवनिधि परिये।
कहौं अब नाथ, कौन बल तें संसार-सोग हरिये॥ 5॥
जब कब निज करुना-सुभाव तें, द्रवहु तौ निस्तरिये।
तुलसिदास बिस्वास आनि नहिं, कत पचि-पचि[9] मरिये॥ 6॥ 42॥

मैं तोहिं अब जान्यो संसार।
बाँधि न सकहिं मोहि हरि के बल, प्रगट कपट-आगार[10]॥ 1॥
देखत ही कमनीय, कछू नाहिंन पुनि किये बिचार।
ज्यों कदली[11] तरु-मध्य निहारत, कबहुँ न निकसत सार॥ 2॥

---

1. प्रिय 2. भारी 3. इंद्रायण फल 4. कड़वा 5. सब्ज़ी 6. नमक रहित 7. द्रवित होते हैं, कृपा करते हैं 8. जलिये 9. प्रयत्न करके 10. भंडार; 11. केला

तेरे लिये जनम अनेक मैं फिरत न पायों पार।
महामोह-मृगजल-सरिता महँ बोर्यो हौं बारहिं बार॥ 3॥
सुनु खल! छल बल कोटि किये बस होहिं न भगत उदार।
सहित सहाय तहाँ बसि अब, जेहि हृदय न नंदकुमार॥ 4॥
तासों करहु चातुरी जो नहिं जानै मरम तुम्हार।
सो परि डरै मरै रजु-अहि तें, बूझै नहिं ब्यवहार॥ 5॥
निज हित सुनु सठ! हठ न करहि, जो चहहि कुसल परिवार।
तुलसिदास प्रभु के दासनि तजि भजहि जहाँ मद मार[1]॥ 6॥ 43॥

मन पछितैहैं[2] अवसर बीते।
दुरलभ देह पाइ हरिपद भजु, करम, बचन अरु ही ते॥ 1॥
सहसबाहु दसबदन आदि नृप बचे न काल बली[3] ते।
हम-हम करि धन-धाम सँवारे, अंत चले उठि रीते[4]॥ 2॥
सुत बनितादि जानि स्वारथरत, न करु नेह सबही ते।
अंतहु तोहिं तजैंगे पामर[5]! तू न तजै अबही ते॥ 3॥
अब नाथहिं अनुरागु, जागु जड़[6], त्यागु दुरासा जी ते।
बुझे न काम अगिनि तुलसी कहुँ, बिषय-भोग बहु घी ते ॥ 4॥ 44॥

लाभ कहा मानुष-तनु पाये।
काय-बचन-मन सपनेहुँ कबहुँक घटत[7] न काज[8] पराये॥ 1॥
जो सुख सुरपुर-नरक, गेह-बन आवत बिनहिं बुलाये।
तेहि सुख कहँ बहु जतन करत मन, समुझत नहिं समुझाये॥ 2॥
पर-दारा[9], परद्रोह, मोहबस किये मूढ़ मन भाये।
गरभवास दुखरासि जातना तीब्र बिपति बिसराये॥ 3॥
भय-निद्रा, मैथुन-आहार, सबके समान जग जाये[10]।
सुर-दुरलभ तनु धरि न भजे हरि मद अभिमान गँवाये॥ 4॥
गई न निज-पर-बुद्धि सुद्ध ह्वै रहे न राम-लय लाये।
तुलसिदास यह अवसर बीते का पुनि के पछिताये॥ 5॥ 45॥

---

1. अभिमान और कामदेव 2. पछताएगा 3. प्रबल 4. खाली 5. मूर्ख 6. मूर्ख, बुद्धिहीन 7. काम आना 8. कार्य 9. दूसरी स्त्री 10. उत्पन्न

हरि तज और भजिये काहि?
नाहिनै कोउ राम सो ममता प्रनत[1] पर जाहि॥ 1॥
कनककसिपु[2] बिरंचिको जन करम मन अरु बात।
सुतहिं दुखवत बिधि न बरज्यो काल के घर जात॥ 2॥
संभु-सेवक जान जग, बहु बार दिये दस सीस।
करत राम-बिरोध सो सपनेहु न हटक्यो[3] ईस[4]॥ 3॥
और देवन की कहा कहौं, स्वारथहि के मीत।
कबहु काहु न राख लियो कोउ सरन गयउ सभीत॥ 4॥
को न सेवत देत संपति लोकहू यह रीति।
दासतुलसी दीन पर एक राम ही की प्रीति॥ 5॥ 46॥

जो पै दूसरो कोउ होइ।
तौ हौं बारहि बार प्रभु कत दुख सुनावौं रोइ॥ 1॥
काहि ममता दीन पर, काको पतितपावन नाम।
पापमूल अजामिलहि केहि दियो अपनो धाम॥ 2॥
रहे संभु बिरंचि सुरपति लोकपाल अनेक।
सोक-सरि[5] बूड़त करीसहि दई काहु न टेक॥ 3॥
बिपुल-भूपति-सदहि महँ नर-नारि कह्यो 'प्रभु पाहि'।
सकल समरथ रहे, काहु न बसन दीन्हों ताहि॥ 4॥
एक मुख क्यों कहौं करुनासिंधु के गुन-गाथ?
भक्तहित धरि देह काह न कियो कोसलनाथ!॥ 5॥
आपसे कहुँ सौंपिये मोहि जो पै अतिहि घिनात[6]।
दासतुलसी और बिधि क्यों चरन परिहरि[7] जात॥ 6॥ 47॥

आपनो कबहुँ करि जानिहौ[8]।
राम गरीबनिवाज[9] राजमनि, बिरद-लाज उर आनिहौ॥ 1॥
सील-सिंधु, सुंदर, सब लायक, समरथ, सदगुन-खानि हौ।
पाल्यो है, पालत, पालहुगे प्रभु, प्रनत[10]-प्रेम पहिचानिहौ॥ 2॥

---

1. भक्त, शरणागत 2. हिरण्यकशिपु 3. रोका, मना किया 4. शंकर 5. शोक का तालाब 6. घृणा करते हैं 7. छोड़कर 8. जानेंगे 9. गरीबों पर कृपा करने वाले 10. शरणागत, भक्त

बेद-पुरान कहत, जग जानत, दीनदयालु दिन-दानि हौ।
कहि आवत, बलि जाऊँ, मनहुँ मेरी बार बिसारे बानि हौ ॥ 3 ॥
आरत-दीन-अनाथनि के हित मानत लौकिक कानि[1] हौ।
है परिनाम भलो तुलसी को सरनागत-भय-भानि हौ॥ 4 ॥ 48 ॥

अकारन को हितू और को है।
बिरद[2] 'गरीबनिवाज' कौन को, भौंह जासु जन जोहै॥ 1 ॥
छोटो-बड़ो चहत सब स्वारथ, जो बिरंचि बिरचो[3] है।
कोल[4] कुटिल, कपि-भालु पालिबो कौन कृपालुहि सोहै॥ 2 ॥
काको नाम अनख[5] आलस कहें अघ अवगुननि बिछोहै[6]।
को तुलसी से कुसेवक संग्रह्यो, सठ सब दिन साईं द्रोहै॥ 3 ॥ 49 ॥

ऐसेहि जनम-समूह सिराने[7]।
प्राननाथ रघुनाथ-से प्रभु तजि सेवत चरन बिराने[8]॥ 1 ॥
जे जड़ जीव कुटिल, कायर, खल, केवल कलिमल-साने[9]।
सूखत बदन प्रसंसत तिन्ह कहँ, हरितें अधिक करि माने॥ 2 ॥
सुख हित कोटि उपाय निरंतर करत न पायँ पिराने।
सदा मलीन पंथ के जल ज्यों, कबहुँ न हृदय थिराने[10] ॥ 3 ॥
यह दीनता दूर करिबे को अमित जतन उर आने।
तुलसी चित-चिंता न मिटै बिनु चिंतामनि पहिचाने॥ 4 ॥ 50 ॥

जाको हरि दृढ़ करि अंग कर्‌यो[11]।
सोइ सुसील, पुनीत, बेदबिद, बिद्या-गुननि भर्‌यो॥ 1 ॥
उतपति पांडु-सुतनकी करनी सुनि सतपंथ डर्‌यो।
ते त्रैलोक्य-पूज्य, पावन जस सुनि-सुनि लोक तर्‌यो॥ 2 ॥
जो निज धरम बेद बोधित[12] सो करत न कछु बिसर्‌यो।
बिनु अवगुन कृकलास[13] कूप मज्जित कर गहि उधर्‌यो॥ 3 ॥

---

1. मर्यादा 2. यश, कीर्ति 3. बनाया है 4. वनवासी जाति 5. क्रोध 6. समाप्त करना, अलग करना 7. बीत गया 8. अन्य, दूसरे 9. लिप्त, सने हुए 10. स्थिर 11. अंगीकार किया, अपना लिया (मुहावरा) 12. बताया 13. नृग राजा, गिरगिट

ब्रह्म बिसिख[1] ब्रह्मांड दहन छम गर्भ न नृपति जर्‌यो।
अजर-अमर, कुलिसहुँ[2] नाहिंन बध, सो पुनि फेन मर्‌यो॥ 4॥
बिप्र अजामिल अरु सुरपति तें कहा जो नहिं बिगर्‌यो।
उनको कियो सहाय बहुत, उर को संताप हर्‌यो॥ 5॥
गनिका अरु कंदरप तें जगमहँ अघ न करत उबर्‌यो।
तिनको चरित पवित्र जानि हरि निज हृदि-भवन धर्‌यो॥ 6॥
केहि आचरन भलो मानैं प्रभु सो तौ न जानि पर्‌यो।
तुलसिदास रघुनाथ-कृपा को जोवत पंथ खर्‌यो[3]॥ 7॥ 51॥

मोहि मूढ़ मन बहुत बिगोयो[4]।
या के लिये सुनहु करुनामय, मैं जग जनमि-जनमि दुख रोयो॥ 1॥
सीतल मधुर पियूष सहज सुख निकटहि रहत दूरि जन खोयो।
बहु भाँतिन स्रम करत मोहबस, बृथहि मंदमति बारि बिलोयो[5]॥ 2॥
करम-कीच[6] जिय जानि, सानि चित, चाहत कुटिल मलहि मल धोयो।
तृषावंत[7] सुरसरि बिहाय[8] सठ फिरि-फिरि बिकल अकास निचोयो॥ 3॥
तुलसिदास प्रभु! कृपा करहु अब, मैं निज दोष कछू नहिं गोयो[9]।
डासत[10] ही गइ बीति निसा सब, कबहुँ न नाथ! नींद भरि सोयो॥ 4॥ 52॥

राम! रावरो[11] नाम मेरो मातु-पितु है।
सुजन-सनेही, गुरु-साहिब, सखा-सुहृद,
राम-नाम प्रेम-पन अबिचल बितु[12] है ॥ 1॥
सतकोटि चरित अपार दधिनिधि मथि,
लियो काढ़ि वामदेव[13] नाम-घृतु है।
नाम को भरो सो. बल चारिहू फल को फल,
सुमिरिये छाड़ि छल, भलो कृतु[14] है ॥ 2॥

---

1. ब्रह्मास्त्र 2. वज्र से भी 3. खड़ा 4. नष्ट किया 5. जल को मथता रहा, व्यर्थ प्रयत्न करता रहा (मुहावरा) 6. कीचड़ 7. प्यासा 8. छोड़कर 9. छिपाया 10. बिस्तर बिछाते हुए 11. आपका 12. एकमात्र धन 13. शिव 14. पुनीत यज्ञ

स्वारथ-साधक, परमारथ-दायक नाम,
राम-नाम सारिखो न और हितु है।
तुलसी सुभाव कही, साँचिये परैगी[1] सही,
सीतानाथ-नाम नित चितहू को चितु है ॥ 3 ॥ 53 ॥

कबहुँ कृपा करि रघुबीर! मोहू चितैहो[2]।
भलो-बुरो जन आपनो, जिय जानि दयानिधि! अवगुन अमित बितैहो[3] ॥ 1 ॥
जनम जनम हौं मन जित्यो, अब मोहि जितैहो।
हौं सनाथ ह्वैहौ सही, तुमहू अनाथपति, जो लघुतहि न भितैहो[4] ॥ 2 ॥
बिनय करौं अपभयहु तें, तुम्ह परम हितै हो।
तुलसिदास कासों कहै, तुमही सब मेरे, प्रभु-गुरु, मातु-पितै[5] हो ॥ 3 ॥ 54 ॥

तुम जनि मन मैलो करो, लोचन जनि फेरो।
सुनहु राम! बिनु रावरे लोकहु परलोकहु कोउ न कहूँ हितु मेरो ॥ 1 ॥
अगुन-अलायक-आलसी जानि—अधम/ अधनु अनेरो[6]।
स्वारथ के साथिन्ह तज्यो तिजरा[7] को—सो टोटक[8], औचट उलटि न हेरो ॥ 2 ॥
भगतिहीन, बेद-बाहिरो लखि कलिमल[9] घेरो।
देवनिहू[10] देव! परिहरयो, अन्याव नतिनको हौं अपराधी सब केरो ॥ 3 ॥
नाम की ओट पेट भरत हौं, पै कहावत चेरो।
जगत-बिदित बात ह्वै परी, समुझिये धौं अपने, लोक कि बेद बड़ेरो ॥ 4 ॥
ह्वैहै जब-जब तुमहिं तें तुलसी को भलेरो।
दिन-हू-दिन देव/दीनबिगरि है, बलि जाउँ, बिलंब किये, अपनाइये सबेरो[11] ॥ 5 ॥

---

1. पड़ेगी, खरी उतरेगी 2. देख लो 3. बिताओगे, अंत करोगे 4. मीत होओगे, डरोगे 5. पिता
6. निकम्मा 7. तिजारीज्वर 8. टोटका 9. कलियुग के पाप 10. देवताओं ने भी 11. शीघ्र

कवितावली

बाल कांड

अवधेसके द्वारें सकारें[1] गई सुत गोद कै भूपति लै निकसे।
अवलोकि हौं सोच बिमोचन[2] को ठगि-सी रही, जे न ठगे धिक[3]-से॥
तुलसी मन-रंजन रंजित-अंजन नैन सुखंजन-जातक[4]-से।
सजनी ससिमें समसील उभै[5] नवनील सरोरुह[6]-से बिकसे॥ 1॥

पग नूपुर औ पहुँची[7] करकंजनि मंजु बनी मनिमाल हिएँ।
नवनील कलेवर पीत झँगा[8] झलकै पुलकैं नृपु गोद लिएँ॥
अरबिंदु सो आननु रूप मरंदु[9] अनंदित लोचन-भृंग[10] पिएँ।
मनमो न बस्यो अस बालकु जौं तुलसी जग में फलुकौन जिएँ॥ 2॥

तन की दुति स्याम सरोरुह[11] लोचन कंज[12] की मंजुलताई हरैं।
अति सुंदर सोहत धूरि भरे छबि भूरि[13] अनंग की दूरि धरैं॥
दमकैं दँतियाँ दुति[14] दामिनि-ज्यौं किलकैं कल बाल-बिनोद करैं।
अवधेस के बालक चारि सदा तुलसी-मन-मंदिर में बिहरैं[15]॥ 3॥

कबहूँ ससि मागत आरि[16] करैं कबहूँ प्रतिबिंब निहारि डरैं।
कबहूँ करताल[17] बजाइ कै नाचत मातु सबै मन मोद भरैं ॥
कबहूँ रिसिआइ कहैं हठि कै पुनि लेत सोई जेहि लागि अरैं[18]।
अवधेस के बालक चारि सदा तुलसी-मन-मंदिर में बिहरैं॥ 4॥

---

1. सुबह 2. चिंतानाशक 3. धिक्कार 4. खंजन पक्षी के बच्चे 5. दोनों 6. कमल 7. हाथ में पहने जाने वाले आभूषण का नाम 8. लंबा कुर्ता 9. मकरंद 10. भौंरे 11. कमल 12. कमल 13. अधिक 14. द्युति, चमक 15. विहार करे 16. हठ 17. ताली 18. अड़ जाते हैं

बर दंतकी पंगति कुंदकली[1] अधराधर[2]-पल्लव खोलन की।
चपला चमकैं घन बीच जगैं छबि मोतिन माल अमोलन की॥
घुँघुरारि लटैं लटकैं मुख ऊपर कुंडल लोल[3] कपोलन की।
निवछावरि प्रान करै तुलसी बलि जाउँ लला इन बोलन की॥ 5॥

पद कंजनि[4] मंजु बनीं पनहीं[5] धनुहीं[6] सर पंकज-पानि लिएँ।
लरिका सँग खेलत डोलत हैं सरजू-तट चौहट[7] हाट हिएँ॥
तुलसी अस बालक-सों नहि नेहु कहा जप जोग समाधि किएँ।
नर ते[8] खर[9] सूकर स्वान समान कहौ जग में फलु कौन जिएँ॥ 6॥

सरजू बर तीरहिं तीर फिरैं रघुबीर सखा अरु बीर सबै।
धनुहीं कर तीर, निषंग कसें कटि पीत दुकूल नवीन फबै[10]॥
तुलसी तेहि औसर लावनिता[11] दस चारि, नौ, तीन, इकीस सबै।
मति भारति[12] पंगु भई जो निहारि बिचारि फिरी उपमा न पबै॥ 7॥

दूलह श्रीरघुनाथु बने दुलही सिय सुंदर मंदिर माहीं।
गावति गीत सबै मिलि सुंदरि बेद जुवा[13] जुरि[14] बिप्र पढ़ाहीं॥
राम को रूप निहारति जानकी कंकन के नग की परछाहीं।
यातें सबै सुधि भूलि गई कर टेकि रही पल टारत[15] नाहीं॥ 8॥

भूप मंडली प्रचंड चंडीस[16]-कोदंड[17] खंड्यो,
चंड बाहुदंड जाको ताही सों कहतु हौं।
कठिन कुठार[18]-धार धारिबे की धीरताहि,
बीरता बिदित ताको देखिये चहतु हौं॥
तुलसी समाजु राज तजि सो बिराजै आजु,
गाज्यौ मृगराजु गजराजु ज्यों गहतु हौं।
छोनी[19] में न छाड्यौ छप्यो छोनिप को छोना[20] छोटो,
छोनिप छपन[21] बाँको बिरुद बहतु हौं॥ 9॥

1. कुंद पुष्प की कली 2. होंठ 3. चंचल 4. कमल 5. जूती 6. छोटा धनुष 7. चौराहा 8. वे 9. गधा 10. सुशोभित होता है 11. लावण्य, सौंदर्य 12. सरस्वती की बुद्धि 13. युवा 14. एकत्र होकर 15. हटाती 16. शिव 17. धनुष 18. फरसा 19. पृथ्वी 20. बालक 21. नाश

गर्भ के अर्भक[1] काटन को पटुधार[2] कुठार कराल है जाको।
सोई हौं बूझत राजसभा 'धनु को दल्यौ' हौं दलिहौं बल ताको॥
लघु आनन उत्तर देत बड़ो[3] लरिहै मरिहै करिहै कछु साको[4]।
गोरो गरूर गुमान भर्‌यो कहौ कौसिक छोटो-सो ढोटो[5] है काको॥ 10॥

अयोध्या कांड

कीर[6] के कागर[7] ज्यों नृपचीर[8], बिभूषन उप्पम अंगनि पाई।
औध[9] तजी मगवास[10] के रूख[11] ज्यौं पंथ के साथ ज्यौं लोग लोगाई॥
संग सुबंधु, पुनीत प्रिया, मनो धर्म क्रिया धरि देह सुहाई।
राजिवलोचन राम चले तजि बाप को राजु बटाउ[12] की नाईं॥ 11॥

एहि घाट तें थोरिक[13] दूरि अहै कटि लौं जलु थाह देखाइहौं जू।
परसे पगधूरि तरै तरनी[14], घरनी[15] घर क्यों समुझाइहौं जू॥
तुलसी अवलंबु[16] न और कछू, लरिका केहि भाँति जिआइहौं जू।
बरु मारिए मोहि, बिना पग धोएँ हौं नाथ न नाव चढ़ाइहौं जू॥ 12॥

रावरे दोषु न पायन[17] को, पगधूरि को भूरि प्रभाउ महा है।
पाहन[18] तें बन-बाहन[19] काठ को कोमल है, जलु खाइ रहा है ।
पावन पाय पखारि[20] कै नाव चढ़ाइहौं, आयसु[21] होत कहा है।
तुलसी सुनि केवट के बर बैन हँसे प्रभु जानकी ओर हहा[22] है॥ 13॥

पुर[23] तें निकसी रघुबीर-बधू धरि धीर दए मग में डग द्वै[24]।
झलकीं भरि भाल कनी जल की[25], पुट सूखि गए मधुराधर[26] वै॥
फिरि बूझति है, चलनो अब केतिक, पर्नकुटी करिहौ किते ह्वै[27] ?
तिय[28] की लखि आतुरता पियकी अँखियाँ अति चारु चलीं जल च्वै॥ 14॥

---

1. गर्भस्थ शिशु 2. तेज़ धार 3. छोटा मुँह बड़ी बात (मुहावरा) 4. यश 5. बालक 6. तोता 7. पंख 8. राजा के वस्त्र 9. अवध 10. मार्ग का प्रवास 11. वृक्ष 12. पथिक 13. थोड़ा-सा 14. नाव 15. स्त्री 16. सहारा 17. पाँवों 18. पत्थर 19. नाव 20. धोकर 21. आज्ञा 22. ठठाकर हँसे 23. अयोध्या, नगर 24. दो 25. पसीने की बूँद 26. मधुर होंठ 27. कहाँ पर 28. पत्नी, स्त्री

जल को गए लक्खनु[1], हैं लरिका, परिखौ[2], पिय! छाँह घरीक[3] ह्वै ठाढ़े।
पोंछि पसेउ[4] बयारि करौं, अरु पाय पखारिहौं भूभुरि-डाढ़े[5]॥
तुलसी रघुबीर प्रियाश्रम जानि कै, बैठि बिलंब लौं कंटक काढ़े।
जानकीं नाहको नेहु लख्यो, पुलको तनु, बारि[6] बिलोचन बाढ़े॥ 15॥

ठाढ़े[7] हैं नवद्रुमडार गहें[8], धनु काँधे धरें, कर सायकु[9] लै।
बिकटी भृकुटी, बड़री[10] अँखियाँ, अनमोल कपोलन की छबि है॥
तुलसी अस मूरति आनु हिएँ, जड़! डारु धौं प्रान निछावरि कै।
श्रम सीकर[11] साँवरि देह लसै, मनो रासि महातम[12] तारक मै[13]॥ 16॥

सुन्दर बदन, सरसीरुह[14] सुहाए नैन,
मंजुल प्रसून माथें मुकुट जटनि के।
अंसनि[15] सरासन, लसत सुचि[16] सर कर,
तून कटि मुनिपट लूटक पटनि के॥
नारि सुकुमारि संग, जाके अंग उबटि[17] कै,
बिधि बिरचैं बरूथ[18] बिद्युतछटनि के।
गोरे को बरनु देखें सोनो न सलोनो लागे,
साँवरे बिलोकें गर्ब घटत घटनि के॥ 17॥

बनिता[19] बनी स्यामल गौर के बीच, बिलोकहु, री सखि! मोहि-सी ह्वै[20]।
मगजोगु[21] न कोमल, क्यों चलिहै, सकुचाति मही[22] पदपंकज छ्वै॥
तुलसी सुनि ग्रामबधू बिथकीं, पुलकीं तन, औ चले लोचन च्वै[23]।
सब भाँति मनोहर मोहनरूप, अनूप[24] हैं भूप के बालक द्वै॥ 18॥

---

1. लक्ष्मण 2. प्रतीक्षा करो 3. घड़ी भर 4. पसीना 5. गर्म रेत से जले 6. जल 7. खड़े 8. पकड़े हुए 9. बाण 10. बड़ी 11. पसीने की बूँदें 12. सघन अंधकार 13. मय 14. कमल 15. कंधा 16. पवित्र 17. उबटन लगाकर 18. समूह 19. स्त्री 20. मेरी जैसी होकर 21. मार्ग योग्य 22. धरती 23. चूने लगे 24. अनुपम

साँवरे-गोरे सलोने सुभायँ, मनोहरताँ जिति मैनु[1] लियो है।
बान-कमान, निषंग कसें, सिर सोहैं जटा, मुनिबेष कियो है॥
संग लिएँ बिधुबैनी[2] बधू, रति को जेहि रंचक[3] रूपु दियो है।
पायन[4] तौ पनहीं[5] न, पयादेंहिं[6] क्यों चलिहैं, सकुचात हियो है॥ 19॥

रानी मैं जानी अयानी[7] महा, पबि-पाहन[8] हू तें कठोर हियो है।
राजहुँ काज अकाज[9] न जान्यो, कह्यो तिय को जेहिं कान कियो[10] है॥
ऐसी मनोहर मूरति ए, बिछुरें कैसे प्रीतम लोगु जियो है।
आँखिन में सखि! राखिबे जोगु, इन्हें किमि कै बनबासु दियो है॥ 20॥

सीस जटा, उर[11] बाहु[12] बिसाल, बिलोचन लाल, तिरछी सी भौहैं।
तून[13] सरासन[14]-बान धरें तुलसी बन-मारग में सुठि[15] सोहैं॥
सादर बारहिं बार सुभायँ चितै तुम्ह त्यों हमरो, मनु मोहैं।
पूछत ग्रामबधू सिय सों, कहौ, साँवरे-से सखि! रावरे को हैं॥ 21॥

सुनि सुंदर बैन[16] सुधारस-साने[17] सयानी[18] हैं जानकीं जानी भली।
तिरछे करि नैन, दै सैन[19] तिन्हैं समुझाइ कछू मुसुकाइ चली॥
तुलसी तेहि औसर सोहैं सबै अवलोकति लोचन लाहु[20] अली।
अनुराग-तड़ाग[21] में भानु उदैं बिगसी[22] मनो मंजुल कंज[23] कली॥ 22॥

बिंध्य के बासी उदासी[24] तपोब्रतधारी महा बिनु नारि दुखारे।
गौतमतीय तरी 'तुलसी' सो कथा सुनि भे मुनिबृंद सुखारे॥
ह्वैहैं सिला सब चंदमुखी परसें पद मंजुल कंज तिहारे।
कीन्ही भली रघुनायक जु! करुना करि कानन[25] को पगु धारे[26]॥ 23॥

---

1. कामदेव 2. चंद्रवर्णी 3. थोड़ा-सा 4. पाँव 5. जूती 6. पैदल ही 7. अज्ञानी 8. वज्र और पत्थर 9. करणीय-अकरणीय 10. कार्य किया, बात मानी (मुहावरा) 11. हृदय 12. बाँहें 13. तरकश 14. धनुष 15. सुंदर 16. वचन 17. सने 18. चतुर, समझदार 19. संकेत, इशारा 20. लाभ 21. तालाब 22. विकसित हुई 23. कमल 24. तपस्वी 25. जंगल 26. रखे, आए

सुंदर कांड

बालधी[1] बिसाल बिकराल, ज्वालजाल मानो,
लंक लीलिबे[2] को काल रसना पसारी है।
कैधौं[3] ब्योमबीथिका[4] भरे हैं भूरि धूमकेतु,
बीररस बीर तरवारि सो उघारी[5] है॥
'तुलसी' सुरेस-चापु[6], कैधौं दामिनि-कलापु[7],
कैधौं चली मेरु तें कृसानु-सरि[8] भारी है।
देखें जातुधान-जातुधानीं अकुलानी कहैं,
काननु उजार्‌यो, अब नगरू प्रजारि[9] है॥ 24॥

पानी! पानी! पानी! सब रानि अकुलानी कहैं,
जाति हैं परानी[10], गति जानी गजचालि[11] है।
बसन बिसारैं, मनिभूषन सँभारत न,
आनन सुखाने, कहैं, क्यों हू कोऊ पालिहै[12]॥
'तुलसी' मँदो वै[13] मीजि[14] हाथ, धुनि माथ[15] कहै,
काहूँ कान कियो[16] न, मैं कह्यो केतो कालि है।
बापुरें बिभीषन पुकारि बार-बार कह्यो,
बानरु बड़ी बलाइ[17] घने घर घालिहै[18]॥ 25॥

हाट-बाट[19], कोट-कोट[20], अटनि[21], अगार[22], पौरि[23],
खोरि[24]-खोरि दौरि-दौरि दीन्ही अति आगि है।
आरत[25] पुकारत, सँभारत न कोऊ काहू,
ब्याकुल जहाँ सो तहाँ लोक चले भागि हैं

---

1. पूँछ 2. निगलने के लिए 3. अथवा, या 4. आकाश मार्ग 5. निकाली 6. इंद्रधनुष 7. बिजली समूह 8. अग्नि की नदी 9. जलायी 10. प्रयाण, भागना 11. हाथी की चाल वाली 12. रक्षा करेगा 13. मंदोदरी 14. हाथ मलना (मुहावरा) 15. माथा धुनना, पश्चाताप करना (मुहावरा) 16. सुनना, मानना (मुहावरा) 17. संकट, आपदा 18. नष्ट करेगा 19. बाज़ार और रास्ता 20. किला 21. अटारी 22. घर 23. दरवाज़ा 24. गली 25. दुःख, कष्ट

बालधी[1] फिरावै, बार-बार झहरावै, झरैं
बुँदिया-सी लंक पघिलाइ पाग[2] पागिहै[3]।
'तुलसी' बिलोकि अकुलानी जातुधानी[4] कहैं,
चित्रहू[5] के कपि सों निसाचरु न लागिहै॥ 26॥

जारि-बारि, कै बिधूम[6], बारिधि[7] बुताइ[8] लूम[9],
नाइ माथो पगनि, भो ठाढ़ो कर जोरि कै।
मातु! कृपा कीजे, सहिदानि[10] दीजै, सुनि सीय
दीन्ही है असीस चारु चूड़ामनि[11] छोरि कै[12]॥
कहा कहौं तात! देखे जात ज्यौं बिहात[13] दिन,
बड़ी अवलंब ही, सो चले तुम्ह तोरि कै।
'तुलसी' सनीर नैन, नेह सों सिथिल बैन,
बिकल बिलोकि कपि कहत निहोरि कै॥ 27॥

लंका कांड

जब पाहन[14] भे बनबाहन[15]-से उतरे बनरा, 'जय राम' रढ़ैं[16]।
'तुलसी' लिएँ सैल-सिला[17] सब सोहत, सागरु ज्यों बल बारि बढ़ै।
करि कोपु करैं रघुबीर को आयसु, कौतुक हीं गढ़ कूदि चढ़ै।
चतुरंग[18] चमू पल में दलि कै रन रावन-राढ़[19]-सुहाड़ गढ़ै॥ 28॥

अति कोप सों रोप्यो है पाउ सभाँ, सब लंक ससंकित, सोरु मचा।
तम के घननाद-से बीर पचारि कै[20], हारि निसाचर-सैनु पचा[21]॥
न टरै पगु मेरुहु तें गरु[22] भो, सो मनो महि संग बिरंचि रचा।
'तुलसी' सब सूर सराहत हैं, जग में बलसालि है बालि-बचा[23]॥ 29॥

---

1. पूँछ 2. पकवान 3. चाशनी में डुबाना 4. राक्षसियाँ 5. चित्र से 6. धुआँ रहित 7. समुद्र 8. बुझाकर 9. पूँछ 10. पहचान 11. सुंदर शीशमणि 12. खोलकर 13. बीतता है 14. पत्थर 15. नाव 16. रटे 17. पहाड़ के टुकड़े 18. चतुरंगिनी सेना 19. बदमाश 20. ललकार कर 21. थककर 22. भारी 23. बालि का लड़का

गहि मंदर[1] बंदर-भालु चले, सो मनो उनये[2] घन सावन के।
'तुलसी' उत झुंड प्रचंड झुके, झपटैं भट जे सुरदावन[3] के॥
बिरुझे[4] बिरुदैत[5] जे खेत[6] अरे, न टरे हठि बैरु बढ़ावन के।
रन मारि मची उपरी-उपरा[7] भलें बीर रघुप्पति रावन के॥ 30॥

राम सरासन तें चले तीर रहे न सरीर, हड़ावरि[8] फूटीं।
रावन धीर न पीर गनी, लखि लै कर खप्पर जोगिनि जूटीं॥
श्रोनित[9]-छीट छटानि जटे तुलसी प्रभु सोहैं महा छबि छूटीं।
मानो मरक्कत-सैल[10] बिसाल में फैलि चलीं बर बीरबहूटीं॥ 31॥

उत्तर कांड

बालि-सो बीरु बिदारि[11] सुकंठु[12], थप्यो, हरषे सुर बाजने बाजे।
पल में दल्यो दासरथीं[13] दसकंधर[14], लंक बिभीषन राज बिराजे॥
राम सुभाउ सुनें 'तुलसी' हिलसै अलसी[15] हम-से गलगाजे[16]।
कायर कूर कपूतन की हद, तेउ गरीबनेवाज[17] नेवाजे[18]॥ 32॥

बेद बिरुद्ध मही[19], मुनि साधु ससोक किए सुरलोकु उजारो[20]।
और कहा कहौं, तीय हरी, तबहूँ करुनाकर कोपु न धारौ॥
सेवक-छोह[21] तें छाड़ी छमा, तुलसी लख्यो राम सुभाउ तिहारो।
तौ लों न दापु[22] दल्यौ दसकंधर, जौलौं बिभीषन लातु न मारो॥ 33॥

सोक समुद्र निमज्जत[23] काढि कपीसु[24] कियो, जगु जानत जैसो।
नीच निसाचर बैरि को बंधु बिभीषनु कीन्ह पुरंदर[25] कैसो॥
नाम लिएँ अपनाइ लियो तुलसी सो, कहौं जग कौन अनैसो[26]।
आरत[27] आरति भंजन रामु, गरीबनेवाज न दूसरो ऐसो॥ 34॥

---

1. पहाड़ 2. उमड़े 3. देव शत्रु, रावण 4. उलझे 5. वीरता का यश 6. युद्ध भूमि 7. अफरा-तफरी 8. अस्थिपंजर, हड्डियों का समूह 9. रक्त 10. मरमकत मणि का पर्वत 11. विदीर्ण 12. सुग्रीव 13. दशरथ पुत्र 14. रावण 15. आलसी 16. डींग हाँकना (मुहावरा)17. गरीबों पर कृपा करने वाले 18. कृपा की 19. पृथ्वी 20. उजाड़ दिया 21. प्रेम 22. दर्प 23. डूबते 24. वानर स्वामी 25. इंद्र 26. बुरे की आशंका 27. दुःखी

ऋषिनारि[1] उधारि, कियो सठ[2] केवटु मीतु पुनीत, सुकीर्ति लही।
निज लोकु दियो सबरी-खगको, कपि थाप्यो, सो मालुम है सबही॥
दससीस-बिरोध सभीत बिभीषनु भूपु कियो, जग लीक रही।
करुनानिधि को भजु, रे तुलसी! रघुनाथ अनाथके नाथु सही[3]॥ 35॥

तेरे बेसाहें[4] बेसाहत औरनि, और बेसाहि कै बेचन हारे।
ब्योम, रसातल, भूमि भरे नृप कूर, कुसाहेब सेंतिहुँ[5] खारे[6]॥
'तुलसी' तेहि सेवत कौन मरै! रज तें लघु को करैं मेरु तें भारे[7]?
स्वामि सुसील समर्थ सुजान, सो तो-सो तुहीं दसरत्थ दुलारे॥ 36॥

जड़ पंच मिलैं[8] जेहि देह करी, करनी लखु धौं धरनीधर की।
जन की कहु, क्यों करिहै न सँभार, जो सार करै सचराचर[9] की॥
तुलसी! कहु राम समान को आन[10] है, सेवकि जासु रमा[11] घर की।
जगमें गति जाहि जगत्पति की परवाह है ताहि कहा नर की॥ 37॥

जग जांचिये[12] कोउ न, जांचिये जौं जियँ जांचिये जानकी जानहि[13] रे।
जेहि जांचत जाचकता जरि जाइ, जो जारति जोर जहानहि[14] रे॥
गति देखु बिचारि बिभीषन की, अरु आनु[15] हिए हनुमानहि रे।
तुलसी! भजु दारिद-दोष-दवानल संकट-कोटि कृपानहि[16] रे॥ 38॥

बिषया परनारि निसा-तरुनाई सो पाइ पर्‌यो अनुरागहि रे।
जमके पहरु[17] दुख, रोग बियोग बिलोकत हू न बिरागहि रे॥
ममता बस तैं सब भूलि गयो, भयो भोरु महा भय भागहि रे।
जरठाइ[18] दिसाँ, रबिकालु[19] उग्यो[20], अजहूँ जड़ जीव! न जागहि रे॥ 39॥

---

1. अहिल्या 2. अज्ञानी 3. उचित 4. खरीदने से, अपनाने से 5. मुफ़्त में 6. बुरे 7. पर्वत से भारी 8. छिति, जल, पावक, गगन, समीर (पंच तत्त्व) 9. चराचर, जड़-चेतन 10. अन्य 11. लक्ष्मी 12. माँगिये 13. राम 14. संसार 15. लाओ 16. तलवार 17. सिपाही, पहरेदार 18. बुढ़ापा 19. सूर्य रूपी काल 20. उदित हुआ

सो जननी, सो पिता, सोइ भाइ, सो भामिनि[1], सो सुतु, सो हित मेरो।
सोइ सगो, सो सखा, सोइ सेवकु, सो गुरु, सो सुरु, साहेबु चेरो[2] ॥
सो 'तुलसी' प्रिय प्रान समान, कहाँ लौं बनाइ कहौं बहुतेरो।
जौ तजि देह को, गेह को नेहु, सनेह सों राम को होइ सबेरो[3] ॥ 40 ॥

सियराम-सरूपु अगाध[4] अनूप बिलोचन-मीननु[5] को जलु है।
श्रुति रामकथा, मुख रामको नामु, हिएँ पुनि रामहि को थलु है
मति रामहिं सों, गति रामहिं सों, रति राम सों, रामहिं को बलु है।
सबकी न कहै, तुलसी के मतें[6] इतनो जग जीवन को फलु है॥ 41 ॥

गज-बाजि-घटा[7], भले भूरि भटा[8], बनिता, सुत भौंह तकैं सब वै।
धरनी, धनु धाम सरीरु भलो, सुरलोकहु चाहि इहै सुख स्वै[9]।
सब फोटक साटक[10] है तुलसी, अपनो न कछू सपनो दिन द्वै।
जरि जाउ सो जीवन जानकीनाथ! जियै जगमें तुम्हरो बिनु ह्वै॥ 42 ॥

मातु-पिता जग जाइ[11] तज्यो बिधिहू न लिखी कछु भाल भलाई॥
नीच, निरादर भाजन, कादर[12], कूकर[13]-टूकन[14] लागि ललाई[15] ॥
रामु-सुभाउ सुन्यो तुलसीं प्रभुसों कह्यो बारक[16] पेटु खलाई।
स्वारथ को परमारथ को रघुनाथ सो साहेबु, खोरि[17] न लाई॥ 43 ॥

लोग कहैं, अरु हौं हु कहौं, जनु खोटो-खरो रघुनायक ही को।
रावरी[18] राम! बड़ी लघुता, जसु मेरो भयो सुखदायक ही को॥
कै यह हानि सहौ[19], बलि जाउँ कि मोहू करौ निज लायक ही को।
आनि हिएँ हित जानि करौ, ज्यों हौं ध्यानु धरौं धनु-सायक ही को॥ 44 ॥

---

1. स्त्री 2. दास, सेवक 3. शीघ्र 4. अथाह, गहरा 5. मछली 6. बुद्धि 7. हाथी-घोड़ों का समूह 8. योद्धा समूह 9. अपना 10. निस्तत्त्व वस्तु, भूसा 11. जन्म 12. कमज़ोर 13. कुत्ता 14. टुकड़ा 15. लालयित 16. एक बार 17. दोष 18. आपकी 19. सहन करो

ऊँचो मन, ऊँची रुचि, भाग नीचो निपट[1] ही,
लोकरीति-लायक न, लंगर[2] लबारु[3] है॥
स्वारथ अगम परमारथ की कहा चली,
पेट की कठिन जगु जीव को जवारु[4] है॥
चाकरी न आकरी[5], न खेती, न बनिज भीख,
जानत न कूर कछु किसब कबारु[6] है।
तुलसी की बाजी राखि राम ही के नाम, नतु
भेंट पितरन को न मूड़[7] हू में बारु[8] है॥ 45॥

जाति के, सुजाति के, कुजाति के पेटागि[9] बस
खाए टूक सबके, बिदित बात दुनि[10] सो।
मानस-बचन-काय किए पाप सतिभायँ[11],
राम को कहाइ दासु दगाबाज पुनि[12] सो।
रामनाम के प्रभाउ, पाउ[13], महिमा, प्रतापु,
तुलसी-सो जग मनिअत महामुनी-सो।
अति ही अभागो, अनुरागत न रामपद,
मूढ़! एतो बड़ो अचिरिजु देखि-सुनी सो॥ 46॥

जायो कुल मंगन[14], बधायो न बजायो, सुनि
भयो परितापु[15] पापु जननी-जनक को॥
बारे तें ललात-बिललात द्वार-द्वार दीन,
जानत हौं चारि फल चारि ही चनक[16] को॥
तुलसी सो साहेब समर्थ को सुसेवकु है,
सुनत सिहात सोचु बिधि हू गनक[17] को।
नामु राम! रावरो सयानो[18] किधौं बावरो,
जो करत गिरीं तें गरु[19] तृन तें तनक को॥ 47॥

---

1. बिलकुल 2. धूर्त 3. बहुत व्यर्थ बोलने वाला 4. झंझट, जंजाल 5. भंडार 6. कबाड़ 7. सिर 8. बाल 9. पेट की आग (भूख) 10. दुनिया 11. सत्यभाव से 12. फिर 13. प्राप्त 14. माँगने वाले 15. दुःख 16. चना 17. ज्योतिषी 18. बुद्धिमान 19. भारी, बड़ा

जाहिर जहानमें जमानो एक भाँति भयो,
बेंचिए बिबुधधेनु[1] रासभी[2] बेसाहिए[3]।
ऐसेऊ कराल कलिकाल में कृपालु! तेरे
नाम के प्रताप न त्रिताप[4] तन दाहिए॥
तुलसी तिहारो मन-बचन-करम, तेंहि
नाते नेह-नेमु निज ओर तें निबाहिए।
रंकके नेवाज रघुराज! राजा राजनि के,
उमरि दराज[5] महाराज तेरी चाहिए॥ 48॥

जागिए न सोइए, बिगोइए[6] जनम जाय[7],
दुख, रोग रोइए, कलेसु कोह[8]-काम को।
राजा-रंक, रागी औ बिरागी, भूरि भागी, ये
अभागी जीव जरत, प्रभाउ कलि बाम[9] को॥
तुलसी! कबंध[10]-कैसो धाइबो[11] बिचारु अंध!
धुंध देखिअत जग, सोचु परिनाम को।
सोइबो जो राम के सनेह की समाधि-सुखु,
जागिबो जो जीह जपै नीकें राम नाम को॥ 49॥

बेद-पुरान बिहाइ सुपंथु, कुमारग, कोटि कुचालि चली है।
काल कराल[12], नृपाल[13] कृपाल न, राजसमाजु बड़ोई छली है॥
वर्न-बिभाग न आश्रमधर्म, दुनि[14] दुख-दोष-दरिद्र-दली है।
स्वारथ को परमारथ को कलि राम को नाम प्रतापु बली[15] है॥ 50॥

किसबी[16], किसान-कुल, बनिक, भिखारी, भाट,
चाकर, चपल नट, चोर, चार चेटकी[17]।
पेट को पढ़त गुन गढ़त, चढ़त गिरि,
अटत[18] गहन-गन अहन अखेटकी[19]॥

---

1. कामधेनु 2. गधी 3. खरीदिए 4. तीनों ताप (दैहिक, दैविक और भौतिक) 5. दीर्घ 6. व्यर्थ कीजिए 7. व्यर्थ 8. क्रोध 9. कुटिल 10. धड़ 11. दौड़ना 12. भयंकर 13. राजा 14. दुनिया 15. बलवान 16. मज़दूर 17. जादूगर 18. घूमना 19. शिकारी

ऊँचे-नीचे करम, धरम-अधरम करि,
पेट ही की पचत, बेचत बेटा-बेटकी।
'तुलसी' बुझाइ एक राम घनस्याम ही तें,
आगि बड़वागितें[1] बड़ी है आगि पेटकी॥ 51॥

खेती न किसान को, भिखारी को न भीख, बलि,
बनिक को बनिज[2], न चाकर को चाकरी।
जीविका बिहीन लोग सीद्यमान[3] सोच बस,
कहैं एक एकन सों 'कहाँ जाई, का करी?'
बेदहूँ पुरान कही, लोकहूँ बिलोकिअत,
साँकरे[4] सबै पै, राम! रावरे कृपा करी।
दारिद-दसानन दबाई दुनि[5], दीनबंधु!
दुरित[6]-दहन देखि तुलसी हहा करी॥ 52॥

धूत[7] कहौ, अवधूत[8] कहौ, रजपूत कहौ, जोलहा कहौ कोऊ।
काहू की बेटी सों बेटा न ब्याहन, काहू की जाति बिगारौं न सोऊ[9]॥
तुलसी सरनाम[10] गुलामु है रामको, जाको रुचै सो कहै कछु ओऊ।
माँगि कै खैबो, मसीत[11] कै सोइबो, लैबे को एकु न दैबे को दोऊ[12]॥ 53॥

मेरे जाति-पाँति न चहौं काहू की जाति-पाँति,
मेरे कोऊ काम को न हौं[13] काहू के काम को
लोकु परलोकु रघुनाथही के हाथ सब,
भारी है भरोसो तुलसी के एक नाम को॥
अति ही अयाने[14] उपखानो[15] नहि बूझैं लोग,
साह[16] ही को गोतु[17] गोतु होत है गुलाम को॥
साधु कै असाधु, कै भलो कै पोच[18], सोचु कहा,
का काहू के द्वार परौं, जो हौं सो हौं राम को॥ 54॥

---

1. बड़वाग्नि 2. वाणिज्य 3. दुखी 4. संकट 5. संसार 6. पाप 7. धूर्त 8. योगी 9. वह 10. ख्यात 11. मस्जिद 12. लेना एक, न देना दो (मुहावरा)। 13. मैं 14. अज्ञानी 15. उपाख्यान, कहानी 16. स्वामी 17. गोत्र 18. बुराई

ईसन के ईस, महाराजन के महाराज,
देवन के देव, देव! प्रानहु के प्रान हौ।
कालहू के काल, महाभूतन[1] के महाभूत,
कर्महू के करम, निदान के निदान हौ।
निगम[2] को अगम, सुगम तुलसी हू-से को
एते मान सीलसिंधु, करुनानिधान हौ।
महिमा अपार, काहू बोल को न वारापार,
बड़ी साहबी[3] में नाथ! बड़े सावधान हौ॥ 55॥

लालची ललात, बिललात[4] द्वार-द्वार दीन,
बदन मलीन, मन मिटै ना बिसूरना[5]।
ताकत सराधकै बिबाह, कै उछाह कछू,
डोलै लोल बूझत सबद ढोल-तूरना[6]॥
प्यासेहूँ न पावै बारि, भूखे न चनक चारि,
चाहत अहारन[7] पहार, दारि[8] कूरना[9]।
सोक को अगार, दुखभार भरो तौ लौं जन
जौ लौं देबी द्रवै[10] न भवानी अन्नपूरना॥ 56॥

संकर-सहर[11] सर, नर-नारि बारिचर[12]
बिकल, सकल, महामारी माँजा[13] भई है।
उछरत उतरात हहरात मरि जात,
भभरि[14] भगत जल-थल मीचु[15] मई है॥
देव न दयाल, महिपाल न कृपालु चित,
बारानसी बाढ़ति अनीति नित नई है।
पाहि[16] रघुराज! पाहि कपिराज रामदूत!
रामहू की बिगरी तुही सुधारि लई है॥ 57॥

---

1. पंचमहाभूत (क्षिति, जल, पावक, गगन, समीरा) 2. वेद 3. स्वामित्व 4. व्याकुल घूमना 5. रोना, चिंता 6. तूर्ण 7. आहार, भोजन 8. दबाया 9. हिस्सा 10. द्रवित होती है, कृपा करती है 11. काशी 12. मछलियाँ 13. वर्षा का पहला जल जो मछलियों के लिए ज़हरीला होता है 14. भड़ककर 15. मृत्यु 16. रक्षा करो

गीतावली

बाल कांड

आजु महामंगल कोसलपुर सुनि नृपके सुत चारि भए।
सदन-सदन सोहिलो[1] सोहावनो, नभ अरु नगर-निसान हए॥
सजि-सजि जान अमर-किन्नर-मुनि जानि समय-सम गान ठए।
नाचहिं नभ अपसरा मुदित मन, पुनि-पुनि बरषहिं सुमन-चए[2]॥
अति सुख बेगि बोलि गुरु भूसुर भूपति भीतर भवन गए।
जात करम करि कनक, बसन, मनिभूषित सुरभि-समूह दए॥
दल-फल-फूल, दूब-दधि-रोचन, जुबतिन्ह भरि-भरि थार लए[3]।
गावत चलीं भीर भै बीथिन्ह, वन्दिन्ह बाँकुरे[4] बिरद बए[5]॥
कनक-कलस, चामर-पताक-धुज, जहँ तहँ बन्दनवार नए।
भरहिं अबीर, अरगजा छिरकहिं, सकल लोक एक रङ्ग रए[6]॥
उमगि चल्यौ आनन्द लोक तिहुँ, देत सबनि मन्दिर रितए।
तुलसिदास पुनि भरेइ देखियत, रामकृपा चितवनि चितए॥ 1॥

आँगन फिरत घुटुरुवनि[7] धाए।
नील-जलद तनु-स्याम राम-सिसु जननि निरखि मुख निकट बोलाए॥
बन्धुक[8] सुमन अरुन पद-पंकज अंकुस प्रमुख चिन्ह बनि आए।
नूपुर जनु मुनिबर-कलहंसनि रचे नीड़ दै बाँह बसाए॥
कटि मेखल[9], बर हार ग्रीव-दर[10], रुचिर बाँह भूषन पहिराए।
उर श्रीवत्स मनोहर हरिनख हेम मध्य मनिगन बहु लाए॥
सुभग चिबुक[11], द्विज, अधर, नासिका, श्रवन, कपोल मोहि अति भाए।

---

1. बधाई गीत 2. चय, समुच्चय, पुंज 3. लिए 4. अनोखे 5. वर्णन किया 6. रंगे 7. घुटनों के बल 8. लाल पुरुष 9. करधनी 10. शंख 11. ठोड़ी

भ्रू सुन्दर करुनारस-पूरन, लोचन मनहु जुगल जलजाए[1]॥
भाल बिसाल ललित लटकन बर, बालदसाके चिकुर सोहाए।
मनु दोउ गुर सनि कुज[2] आगे करि ससिहि मिलन तमके गन[3] आए॥
उपमा एक अभूत भई तब जब जननी पट पीत ओढ़ाए।
नील जलदपर उडुगन निरखत तजि सुभाव मनो तड़ित छपाए॥
अंग-अंगपर मार-निकर[4] मिलि छबि समूह लै-लै जनु छाए।
तुलसिदास रघुनाथ रूप-गुन तौ कहौं जो बिधि होहिं बनाए॥ 2॥

रघुबर बाल छबि कहौं बरनि।
सकल सुखकी सींव[5], कोटि-मनोज-सोभाहरनि॥
बसी मानहु चरन-कमलनि अरुनता तजि तरनि[6]।
रुचिर नूपुर किंकिनी मन हरति रुनझुनु करनि॥
मंजु मेचक[7] मृदुल तनु अनुहरति भूषन भरनि[8]।
जनु सुभग सिङ्गार सिसु तरु फर्यो है अदभुत फरनि॥
भुजनि भुजग, सरोज नयननि, बदन बिधु जित्यो लरनि।
रहे कुहरनि[9] सलिल, नभ, उपमा अपर दुरि[10] डरनि॥
लसत कर-प्रतिबिम्ब मनि-आँगन घुटुरुवनि चरनि।
जनु जलज-सम्पुट सुछबि भरि-भरि धरति उर धरनि[11]॥
पुन्यफल अनुभवति सुतहि बिलोकि दसरथ-घरनि[12]।
बसति तुलसी-हृदय प्रभु-किलकनि ललित लरखरनि॥ 3॥

सोहत सहज सुहाये नैन।
खंजन मीन कमल सकुचत तब जब उपमा चाहत कबि दैन॥
सुन्दर सब अंगनि सिसु-भूषन राजत[13] जनु सोभा आये लैन।
बड़ो लाभ, लालची लोभबस रहि गयो लखि[14] सुखमा बहु मैन॥
भोर भूप लिये गोद मोद भरे, निरखत बदन, सुनत कल बैन[15]।
बालक-रूप अनूप राम-छबि निवसति तुलसिदास-उर-ऐन[16]॥ 4॥

---

1. कमल 2. मंगल 3. अंधकार समूह 4. काम का समूह 5. सीमा 6. सूर्य 7. काला 8. भार 9. बिल 10. छिपना 11. पृथ्वी 12. स्त्री, पत्नी 13. सुशोभित होते हैं 14. देखकर 15. वचन, वाणी 16. अयन, घर

भोर भयो जागहु, रघुनन्दन। गत-व्यलीक[1] भगतनि उर-चन्दन॥
ससि कर[2]हीन, छीन[3] दुति तारे। तमचुर[4] मुखर[5], सुनहु मेरे प्यारे॥
बिकसित कंज, कुमुद बिलखाने[6]। लै पराग रस मधुप उड़ाने॥
अनुज सखा सब बोलनि[7] आये। बन्दिन्ह अति पुनीत गुन गाये॥
मनभावतो कलेऊ कीजै। तुलसिदास कहँ जूठनि दीजै॥ 5॥

रामपद-पदुम[8]-पराग परी।
ऋषितिय तुरत त्यागि पाहन-तनु[9] छबिमय देह धरी॥
प्रबल पाप पति-साप दुसह दव[10] दारुन[11] जरनि जरी।
कृपासुधा सिँचि बिबुध-बेलि[12] ज्यौं फिरि सुख-फरनि फरी॥
निगम-अगम मूरति महेस-मति-जुबति बराय[13] बरी[14]।
सोइ मूरति भै जानि नयनपथ इकटकतें न टरी॥
बरनति हृदय सरूप, सील गुन प्रेम-प्रमोद-भरी।
तुलसिदास अस केहि आरतकी आरति प्रभु न हरी?॥ 6॥

कौसिक के मख[15] के रखवारे।
नाम राम अरु लखन ललित अति, दसरथ-राज-दुलारे॥
मेचक[16] पीत कमल कोमल कल काकपच्छ-धर बारे।
सोभा सकल सकेलि[17] मदन-बिधि[18] सुकर सरोज सँवारे॥
सहस समूह सुबाहु सरिस खल समर सूर भट भारे।
केलि[19]-तून-धनु-बान-पानि रन निदरि निसाचर मारे॥
ऋषितिय तारि स्वयम्बर पेखन[20] जनकनगर पगु धारे।
मग नर-नारि निहारत सादर, कहैं बड़ भाग हमारे॥
तुलसी सुनत एक-एकनि सो चलत बिलोकनिहारे[21]।
मूकनि बचन-लाहु, मानो अंधनि लहे हैं बिलोचन-तारे॥ 7॥

---

1. दुःख, शोक 2. किरण 3. क्षीण 4. मुर्गा 5. बोलना 6. व्याकुल, दुःखी 7. बुलाने 8. कमल 9. पत्थर का शरीर 10. जंगल की अग्नि 11. भयानक 12. कल्पलता 13. अलगा कर 14. वरण किया, चुना 15. यज्ञ 16. काला 17. एकत्र करके 18. कामदेव रूपी विधाता 19. क्रीड़ा, खेल 20. देखना 21. देखने वाले

ए कौन कहाँतें आए ?
नील-पीत पाथोज[1]-बरन, मन-हरन, सुभाय सुहाए॥
मुनिसुत किधौं भूप-बालक, किधौं ब्रह्म-जीव जग जाए[2]।
रुप जलधिके रतन, सुछबि-तिय-लोचन ललित ललाए॥
किधौं रबि-सुवन[3], मदन-ऋतुपति[4], किधौं हरि-हर बेष बनाए।
किधौं आपने सुकृत-सुरतरुके सुफल रावरेहिं[5] पाए॥
भए बिदेह बिदेह नेहबस देहदसा बिसराए।
पुलक गात[6], न समात हरष हिय, सलिल सुलोचन छाए॥
जनक-बचन मृदु मंजु मधु-भरे भगति कौसिकहि भाए।
तुलसी अति आनन्द उमगि उर राम लषन गुन गाए॥ 8॥

जब दोउ दसरथ-कुँवर बिलोके[7]।
जनक नगर नर-नारि मुदित मन निरखि नयन पल रोके॥
बय किसोर, घन-तड़ित-बरन तनु नखसिख अंग लोभारे[8]।
दै चित, कै हित, लै सब छबि-बित बिधि निज हाथ सँवारे॥
संकट नृपहि, सोच अति सीतहि, भूप सकुचि सिर नाए[9]।
उठे राम रघुकुल-कुल-केहरि, गुर-अनुसासन पाए॥
कौतुक ही कोदण्ड[10] खण्डि प्रभु, जय अरु जानकि पाई।
तुलसिदास कीरति रघुपतिकी मुनिन्ह तिहूँ पुर[11] गाई॥ 9॥

राम कामरिपु[12]-चाप चढ़ायो।
मुनिहि पुलक, आनन्द नगर, नभ निरखि निसान बजायो॥
जेहि पिनाक बिनु नाक किए[13] नृप, सबहि बिषाद बढ़ायो।
सोइ प्रभु कर परसत टुट्यो, जनु हुतो[14] पुरारि पढ़ायो॥
पहिराई जयमाल जानकी, जुबतिन्ह मङ्गल गायो।
तुलसी सुमन बरषि हरषे सुर, सुजस तिहू पुर छायो॥ 10॥

---

1. कमल 2. जन्मे 3. पुत्र 4. वसंत 5. आपके ही 6. शरीर 7. देखा 8. लुभावने, मोहक 9. झुकाया 10. धनुष 11. तीनों लोक 12. शिव 13. बिना नाक वाले, असम्माननीय 14. था

लेहु री! लोचननिको लाहु[1]।
कुँवर सुन्दर साँवरो, सखि सुमुखि! सादर चाहु[2]॥
खण्डि हर-कोदण्ड ठाढ़े, जानु[3]-लम्बित-बाहु।
रुचिर उर जयमाल राजति, देत सुख सब काहु॥
चितै चित-हित-सहित नख-सिख अंग-अंग निबाहु।
सुकृत निज, सियराम-रूप, बिरंचि[4]-मतिहि सराहु॥
मुदित मन बरबदन-सोभा उदित अधिक उछाहु।
मनहु दूरि कलङ्क करि ससि समर सूद्यो[5] राहु॥
नयन सुखमा[6]-अयन हरत सरोज-सुन्दरताहु।
बसत तुलसीदास-उरपुर जानकी कौ नाहु॥ 11॥

राजति[7] राम-जानकी-जोरी ।
स्याम-सरोज जलद सुन्दर बर, दुलहिनि तड़ित[8]-बरन तनु गोरी॥
ब्याह समय सोहति बितान तर[9], उपमा कहुँ न लहति मति मोरी।
मनहुँ मदन मंजुल मण्डप महँ छबि-सिंगार-सोभा इक ठौरी॥
मङ्गलमय दोउ, अंग मनोहर, ग्रथित चूनरी पीत पिछोरी[10]।
कनककलस कहँ देत भाँवरी[11], निरखि रुप सारद भई भोरी[12]॥
इत वसिष्ठ मुनि, उतहि सतानँद, बंस बखान करैं दोउ ओरी[13]।
इत अवधेस, उतहि मिथिलापति, भरत अंक सुखसिन्धु हिलोरी॥
मुदित जनक, रनिवास रहसबस[14], चतुर नारि चितवहिं तृन तोरी[15]।
गान-निसान-बेद-धुनि सुनि सुर बरसत सुमन, हरष कहै कोरी ?॥
नयननको फल पाइ प्रेमबस सकल असीसत ईस निहोरी।
तुलसी जेहि आनन्दमगन मन, क्यों रसना बरनै सुख सो री!॥ 12॥

---

1. लाभ 2. चाहो 3. घुटना 4. विधाता 5. मार डाला 6. सुषमा 7. सुशोभित होती है 8. बिजली 9. मंडप के नीचे 10. पुरुष का दुपट्टा 11. चक्कर, फेरे 12. भूली, मग्न 13. दोनों तरफ़ 14. आह्लादित 15. अत्यंत प्रसन्न होना (नज़र न लगे इसके लिए तिनका तोड़कर फेंकना)

दूलह राम, सीय दुलही री।
घन-दामिनि[1] बर बरन, हरन-मन सुन्दरता नखसिख निबही[2], री॥
ब्याह-बिभूषन-बसन-बिभूषित, सखि अवली[3] लखि ठगि सी रही, री।
जीवन-जनम-लाहु, लोचन-फल है इतनोइ, लह्यो आजु सही, री॥
सुखमा सुरभि[4] सिंगार-छीर दुहि मयन अमियमय कियो है दही, री।
मथि माखन सिय-राम सँवारे, सकल भुवन छबि मनहु मही, री॥
तुलसिदास जोरी देखत सुख सोभा अतुल, न जाति कही, री।
रूप-रासि बिरची बिरंचि मनो, सिला[5] लवनि रति-काम लही, री ॥ 13 ॥

अयोध्या कांड

राम! हौं[6] कौन जतन घर रहिहौं?
बार बार भरि अंक गोद लै ललन कौनसों कहिहौं॥
इहि आँगन बिहरत मेरे बारे! तुम जो संग सिसु लीन्हें।
कैसे प्रान रहत सुमिरत सुत, बहु बिनोद तुम कीन्हें॥
जिन्ह श्रवननि[7] कल बचन तिहारे सुनि सुनि हौं अनुरागी।
तिन्ह श्रवननि बनगवन सुनिति हौं मोतें कौन अभागी?॥
जुग तसम निमिष[8] जाहिं रघुनंदन, बदनकमल बिनु देखे।
जो तनु रहै बरष बीते, बलि कहा प्रीति इहि लेखे?॥
तुलसिदास प्रेमबस श्रीहरि देखि बिकल महतारी[9]।
गदगद कंठ, नयन जल, फिरि फिरि[10] आवन कह्यो मुरारी॥ 14॥

मोको बिधुबदन[11] बिलोकन दीजै।
राम लषन मेरी यहैं भेंट, बलि, जाउ, जहाँ मोहि मिलि लीजै॥
सुनि पितु-बचन चरन गहे रघुपति, भूप अंक भरि लीन्हें।
अजहुँ अवनि बिदरत[12] दरार मिस सो अवसर सुधि कीन्हें॥

---

1. बादल और बिजली 2. निर्वाह किया 3. पंक्ति 4. गाय 5. फ़सल के कटने या खलिहान उठने पर रह गया अन्न 6. मैं 7. कान 8. क्षण 9. माता 10. बार-बार 11. मुखचंद्र 12. फटकर

पुनि सिर नाइ गवन कियो प्रभु, मुरछित भयो भूप न जाग्यो।
करम-चोर[1] नृप-पथिक मारि मानो राम-रतन लै भाग्यो॥
तुलसी रबिकुल-रबि रथ चढ़ि चले तकि दिसि दखिन[2] सुहाई।
लोग नलिन भए मलिन अवध-सर, बिरह बिषम हिम पाई॥ 15॥

सजनी! हैं कोउ राजकुमार।
पन्थ चलत मृदु पद-कमलनि दोउ सील-रूप-आगार[3]॥
आगे राजिवनैन स्याम-तनु, सोभा अमित अपार।
डारौं वारि अंग-अंगनिपर कोटि-कोटि सत[4] मार॥
पाछैं गौर किसोर मनोहर, लोचन-बदन उदार।
कटि तूनीर कसे, कर सर-धनु, चले हरन छिति-भार[5]॥
जुगुल बीच सुकुमारि नारि इक राजति बिनहि सिंगार।
इंद्रनील, हाटक[6], मुकुतामनि जनु पहिरे महि[7] हार॥
अवलोकहु भरि नैन, बिकल जनि होहु, करहु सुबिचार।
पुनि कहँ यह सोभा, कहँ लोचन, देह-गेह-संसार?॥
सुनि प्रिय-बचन चितै हित कै रघुनाथ कृपा-सुखसार।
तुलसिदास प्रभु हरे सबन्हिके मन, तन रही न सँभार॥ 16॥

जानत हौ सबहीके मनकी।
तदपि, कृपालु करौं! बिनती सोइ सादर सुनहु दीन-हित जन की॥
ए सेवक सन्तत[8] अनन्य अति, ज्यों चातकहि एक गति घन की।
यह बिचारि गवनहु[9] पुनीत पुर, हरहु दुसह आरति परिजन की॥
मेरो जीवन जानिय ऐसोइ, जियै जैसो अहि[10], जासु गई मनि फन की।
मेटहु कुलकलङ्क कोसलपति, आग्या देहु नाथ मोहि बन की॥
मोको जोइ लाइय लागै सोइ उतपति है कुमातु[11] तें तन की।
तुलसिदास सब दोष दूरि करि प्रभु अब लाज करहु निज पन[12] की॥ 17॥

---

1. भाग्य रूपी चोर 2. दक्षिण 3. भंडार 4. शत 5. कामदेव 6. सोना 7. पृथ्वी 8. सनातन 9. गमन 10. साँप 11. कुमाता 12. प्रण

हाथ मींजिबो[1] हाथ रह्यो ।
लगी न सङ्ग चित्रकूटहुतें, ह्याँ कहा जात बह्यो॥
पति सुरपुर, सिय-राम-लषन बन, मुनिब्रत भरत गह्यो।
हौं रहि घर मसान-पावक[2] ज्यों मरिबोइ मृतक दह्यो॥
मेरोइ हिय कठोर करिबे कहँ बिधि कहुँ कुलिस[3] लह्यो।
तुलसी बन पहुँचाइ फिरी सुत, क्यों कछु परत कह्यो?॥ 18॥

आली! हौं इन्हहिं बुझावौं कैसे?
लेत हिये भरि भरि पतिको हित, मातुहेतु सुत जैसे॥
बार-बार हिहिनात[4] हेरि[5] उत[6], जो बोलै कोउ द्वारे।
अंग लगाइ[7] लिए बारेतें करुनामय सुत प्यारे॥
लोचन सजल, सदा सोवत-से, खान-पान बिसराए[8]।
चितवत चौंकि नाम सुनि, सोचत राम-सुरति उर आए॥
तुलसी प्रभुके बिरह-बधिक हठि राजहंस-से जोरे।
ऐसेहु दुखित देखि हौं जीवति राम-लखन के घोरे[9]॥ 19॥

अरण्य कांड

देखे राम पथिक नाचत मुदित मोर ।
मानत मनहु सतड़ित[10] ललित घन, धनु सुरधनु, गरजनि टँकोर[11]॥
कँपे कलाप[12] बर बरहि फिरावत, गावत कल कोकिल-किसोर।
जहँ जहँ प्रभु बिचरत, तहँ तहँ सुख, दण्डकबन कौतुक न थोर॥
सघन छाँह-तम रुचिर रजनि भ्रम, बदन-चन्द चितवत चकोर।
तुलसी मुनि खग-मृगनि सराहत, भए हैं सुकृत[13] सब इन्हकी ओर ॥ 20॥

1. हाथ मलना (पछताना) 2. श्मशान की आग 3. वज्र 4. हिनहिनाते हैं 5. देखकर 6. उधर 7. अंग लगाया, अपना बनाया 8. भुला दिया है 9. घोड़े 10. बिजली सहित 11. गर्जना 12. मोर पंख 13. सद्कर्म, पुण्य

किष्किंधा कांड

भूषन बसन बिलोकत सिय के।
प्रेम-बिबस मन, कंप पुलक तनु, नीरजनयन नीर भरे पिय के॥
सकुचत कहत, सुमिरि उर उमगत, सील सनेह सुगुनगन तिय के।
स्वामि दसा लखि लषन सखा कपि, पिघले हैं आँच माठ[1] मानो घिय[2] के॥
सोचत हानि मानि मन गुनि गुनि गये निघटि फल सकल सुकिय[3] के।
वरने जामवंत तेहि अवसर बचन बिबेक बीररस बिय के॥ 21॥

लंका कांड

राम-लषन उर लाय लये हैं।
भरे नीर राजीव-नयन सब अँग परिताप तए[4] हैं॥
कहत ससोक बिलोकि बन्धु-मुख बचन प्रीति गुथए हैं।
सेवक-सखा भगति-भायप-गुन चाहत अब अथए[5] हैं॥
निज कीरति-करतूति तात! तुम सुकृती सकल जए[6] हैं।
मैं तुम्ह बिनु तनु राखि लोक अपने अपलोक लए हैं॥
मेरे पनकी लाज इहाँलौं हठि प्रिय प्रान दए हैं।
लागति साँगि[7] बिभीषन ही पर, सीपर आपु भए हैं॥
सुनि प्रभु-बचन भालु-कपि-गन, सुर सोच सुखाइ गए हैं।
तुलसी आइ पवनसुत-बिधि मानो फिरि निरमये[8] नए हैं॥ 22॥

राजत राम काम-सुत-सुन्दर।
रिपु रन जीति अनुज सँग सोभित, फेरत चाप-बिसिष बनरुह[9]-कर॥
स्याम सरीर रुचिर श्रम-सीकर[10], सोनित[11]-कन बिच बीच मनोहर।
जनु खद्योत[12]-निकर, हरिहित-गन[13], भ्राचत मरकत-सैल-सिखरपर॥

---

1. मटका, मिट्टी का पात्र 2. घी 3. सुकृत्य, पुण्य 4. तप्त 5. अस्त्र 6. जीते हैं 7. शक्ति 8. निर्माण किया है 9. कमल 10. पसीने की बूँदें 11. रक्त 12. जुगनू समूह 13. वीर वधूटियों का समूह

घायल बीर बिराजत चहुँ दिसि, हरषित सकल रिच्छ अरु बनचर।
कुसुमित किंसुक[1]-तरु समूह महँ, तरुन तमाल बिमाल बिटप[2] बर॥
राजिव-नयन बिलोकि कृपा करि, किए अभय मुनि-नाग, बिबुध-नर।
तुलसिदास यह रूप अनूपम हिय-सरोज बसि दुसह[3] बिपतिहर॥ 23॥

बैठी सगुन मनावति माता।
कब ऐहैं मेरे बाल कुसल घर, कहहु, काग! फुरि[4] बाता॥
दूध-भात की दोनी दैहौं, सोने चोंच मढ़ैहौं।
जब सिय-सहित बिलोकि नयन भरि राम-लषन उर लैहौं॥
अवधि समीप जानि जननी जिय अति आतुर अकुलानी।
गनक[5] बोलाइ, पाँय परि पूछति प्रेम मगन मृदु बानी॥
तेहि अवसर कोउ भरत निकटतें समाचार लै आयो।
प्रभु-आगमन सुनत तुलसी मनो मीन मरत जल पायो॥ 24॥

उत्तर कांड

संकट-सुकृतको सोचत जानि जिय रघुराउ।
सहस द्वादस पंचसतमें कछुक है अब आउ॥
भोग पुनि पितु-आयुको, सोउ किए बनै बनाउ।
परिहरे बिनु जानकी नहि और अनघ[6] उपाउ॥
पालिबे[7] असिधार-ब्रत[8], प्रिय प्रेम-पाल सुभाउ।
होइ हित केहि भाँति, नित सुबिचारु, नहि चित चाउ॥
निपट असमंजसहु बिलसति मुख मनोहरताउ।
परम धीर-धुरीन हृदय कि हरष-बिसमय काउ?॥
अनुज-सेवक-सचिव हैं सब सुमति, साध सखाउ।
जान कोउ न जानकी बिनु अगम अलख लखाउ॥
राम जोगवत सीय-मनु, प्रिय-मनहिं[9] प्रानप्रियाउ।
परम पावन प्रेम-परमिति समुझि तुलसी गाउ॥ 25॥

---

1. पलाश 2. वृक्ष 3. कठिन 4. शीघ्र 5. ज्योतिषी 6. पाप रहित 7. पालन करना 8. तलवार की धार पर चलने जैसा व्रत 9. मन में

दोहावली

राम नाम मनिदीप धरू[1] जीह[2] देहरीं द्वार।
तुलसी भीतर बाहेरहुँ जौं चाहसि उजिआर[3]॥ 1॥

हियँ[4] निर्गुन नयनन्हि सगुन रसना[5] राम सुनाम।
मनहुँ पुरट संपुट[6] लसत लसत[7] तुलसी ललित ललाम॥ 2॥

नाम राम को अंक है सब साधन हैं सून[8]।
अंक गए कछु हाथ नहिं अंक रहें दस गून[9]॥ 3॥

नामु राम को कलपतरू कलि कल्यान-निवासु।
जो सुमिरत भयो भाँग[10] तें तुलसी तुलसीदासु॥ 4॥

राम नाम नर केसरी[11] कनककसिपु[12] कलिकाल।
जापक[13] जन प्रहलाद जिमि पालिहि दलि[14] सुरसाल[15]॥ 5॥

हरे चरहिं तापहिं बरे[16] फरे[17] पसाहिं हाथ।
तुलसी स्वारथ मीत सब परमारथ रघुनाथ॥ 6॥

राम निकाई[18] रावरी[19] हैं सबही को नीक[20]।
जौ यह साँची है सदा तौ नीको तुलसीक[21]॥ 7॥

---

1. रखो 2. जीभ 3. प्रकाश, उजाला 4. हृदय 5. जीभ 6. सोने की डिबिया 7. सुशोभित 8. शून्य 9. दसगुणा 10. एक नशीली पत्ती 11. नृसिंहावतार 12. हिरण्यकश्यप 13. जप करने वाला, भक्त 14. नष्ट 15. देवताओं को कष्ट देने वाला 16. जलाकर 17. फलने पर 18. भलाई 19. आपकी 20. भला 21. तुलसी का

तुलसी राम जो आदर्यो[1] खोटो[2] खरो[3] खरोइ।
दीपक काजर सिर धर्यो धर्यो सुधर्यो धरोइ॥ 8॥

अंक अगुन[4] आखर सगुन समुझिअ उभय[5] प्रकार।
खोएँ राखें आपु भल तुलसी चारू[6] बिचार ॥ 9॥

एक भरोसो एक बल एक आस बिस्वास।
एक राम घनस्याम[7] हित चातक तुलसीदास ॥ 10॥

बरषि परूष[8] पाहन[9] पयद पंख करौ टुक टूक[10]।
तुलसी परी न चाहिए चतुर चातकहि चूक॥ 11॥

बध्यो बधिक पर्यो पुन्य जल[11] उलटि उठाई चोंच।
तुलसी चातक प्रेम पट[12] मरतहुँ लगी न खोंच[13]॥ 12॥

तुलसी चातक देति सिख सुतहिं[14] बारहीं बार।
तात न तर्पन कीजिए बिना बारिधर[15] धार॥ 13॥

रूचै मागनेहि[16] मागिबे तुलसी दानिहि[17] दानु।
आलस अनख[18] न आचरज प्रेम पिहानी[19] जानु॥ 14॥

चरन चोंचलोचन रँगौ चलौ मराली[20] चाल।
छीर नीर बिबरन[21] समय बक उघरत तेहि काल॥ 15॥

कृसधन[22] सखहि न देब दुख मुएहुँ न मागब नीच।
तुलसी सज्जन की रहनि पावकपानी बीच॥ 15॥

अवसर कौड़ी जो चुकै बहुरि दिएँ का लाख।
दुइज[23] न चंदा देखिए उदौ[24] कहा भरि पाख॥ 17॥

---

1. आदर किया 2. बुरा 3. सच्चा 4. निर्गुण 5. दोनों 6. अच्छा, सुंदर 7. मेघ 8. कठोर 9. पत्थर, ओले 10. टुकड़े-टुकड़े 11. गंगा जल 12. वस्त्र 13. खरोंच, चीरा 14. पुत्र को 15. बादल 16. भिखमंगा 17. दाता 18. क्रोध, झुँझलाहट 19. पिघानी, ढक्कन 20. हंस 21. अलगाना 22. कम धनवाला 23. द्वितीया, दूज 24. उदय

ग्रह[1] भेषज[2] जल पनन पट पाइ कुजोग सुजोग।
होहिं कुबस्तु सुबस्तु जग लखहिं सुलच्छन लोग॥ 18॥

जड़ चेतन गुन दोष मय बिस्व[3] कीन्ह करतार[4]।
संत हंस गुन गहहि पय परिहरि बारि[5] बिकार॥ 19॥

तुलसी जे कीरति[6] चहहिं पर[7] की कीरति खोइ।
तिनके मुँह मसि[8] लागिहैं मिटहि न मरिहै धोइ॥ 20॥

श्री प्रभु तें प्रभु गन दुखद लखि प्रजहिं सँभारै राउ[9]।
कर[10] तें होत कृपानको कठिन घोर घन घाउ[11]॥ 21॥

बरसत हरषत लोग सब करषत[12] लखै न कोइ।
तुलसी प्रजा सुभाग ते भूप भानु[13] सो होइ॥ 22॥

ब्रह्मज्ञान बिनु नारि नर कहहिं न दूसरि बात।
कौड़ी लागि लोभ बस करहिं बिप्र गुर घात[14]॥ 23॥

तुलसी पावस[15] के समय धरी कोकिलन मौन।
अब तो दादुर[16] बोलिहैं हमें पुछिहै कौन॥ 24॥

मनिमय दोहा दीप जहँ उर घर[17] प्रगट प्रकास।
तहँ न मोह तम भय तमी कलि[18] कज्जली[19] बिलास॥ 25॥

का भाषा का संसकृत प्रेम चाहिए साँच।
काम जु आवै कामरी[20] का लै करिअ कुमाच[21]॥ 26॥

मनि मानिक महँगे किए सहँगे[22] तृन जल नाज[23]।
तुलसी एतो[24] जानिए राम गरीब नेवाज[25]॥ 27॥

---

1. ग्रह, नक्षत्र 2. औषधी, दवा 3. विश्व 4. विधाता 5. जल 6. कीर्ति, यश 7. दूसरा 8. कालिख 9. राजा 10. हाथ 11. घाव, चोट 12. खींचते हुए 13. सूर्य 14. हत्या 15. वर्षा 16. मेंढक 17. हृदय रूपी घर 18. कलियुग 19. कालिया 20. कंबल 21. रेशमी वस्त्र, दुशाला 22. सस्ते 23. अनाज 24. इतना 25. कृपालु

बरवै रामायण

बाल कांड

बड़े नयन कुटि[1] भृकुटी भाल[2] बिसाल।
तुलसी मोहत मनहि मनोहर बाल॥ 1॥

भाल तिलक सर सोहत भौंह कमान।
मुख अनुहरिया[3] केवल चंद समान॥ 2॥

तुलसी बंक बिलोकनि[4] मृदु मुसुकानि।
कस[5] प्रभु नयन कमल अस कहौंबखानि॥ 3॥

चढ़त दसा यह उतरत जात निदान।
कहौं न कबहूँ करकस[6] भौंह कमान[7]॥ 4॥

काम रूप सम तुलसी राम स्वरूप।
को कबि समसरि करै परै भवकूप[8]॥ 5॥

सींक[9]-धनुष हित सिखन सकुचि प्रभु लीन।
मुदित माँगि इक धनुही[10] नृप हँसि दीन॥ 6॥

सम सुबरन[11] सुषमाकर[12] सुखद न थोर[13]।
सिय अंग सखि कोमल कनक कठोर॥ 7॥

---

1. वक्र, टेढ़ी 2. ललाट 3. तुलना में 4. चितवन 5. कैसे 6. कठोर 7. धनुष 8. संसार रूपी कुआँ (आवागमन के चक्र) 9. तिनका 10. नन्हा धनुष 11. सुवर्ण, सोना 12. शोभा 13. थोड़ा

सिय मुख सरद–कमल जिमि किमि कहि जाइ।
निसि मलीन वह निसि दिन यह बिगसाइ[1] ॥ 8 ॥

सिय तुव अंग रंग मिलि अधिक उदोत[2]।
हार बेल[3] पहिरावौं चंपक[4] होत ॥ 9 ॥

नित्य नेम[5] कृत अरून उदय जब कीन।
निरखि निसाकर नृप मुख भए मलीन ॥ 10 ॥

अयोध्या कांड

कोउ कह नर नारायन हरि[6] हर[7] कोउ।
कोउ कह बिरहत बन मधु[8] मनसिज[9] दोउ ॥ 11 ॥

द्वै भुज करि हरि रघुबर सुंदर बेष।
एक जीभकर लछिमन दूसर सेष[10] ॥ 12 ॥

अरण्य कांड

हेमलता[11] सिय मूरति मृदु मुसकाइ।
हेम हरिन[12] कहँ दीन्हेउ प्रभुहि दिखाइ ॥ 13 ॥

जटा मुकुट कर सर धनु संग मरीच।
चितवनि बसति कनखियनु[13] अँखियनु बीच ॥ 14 ॥

सीय बरन[14] सम केतकि[15] अति हियँ हारि।
कहेसि भँवर कर हरवा[16] हृदय बिदारि[17] ॥ 15 ॥

---

1. विकसित होता है, प्रफुल्लित होता है 2. प्रकाशित होता है 3. बेला 4. चंपा का पुष्प 5. नित्य नियम (संध्यादि) 6. विष्णु 7. शिव 8. वसंत 9. कामदेव 10. शेषनाग 11. स्वर्णलता 12. स्वर्ण मृग 13. कनखियों से 14. वर्ण 15. एक पुष्प 16. हार 17. विदीर्ण कर दिया, फाड़ दिया

सीतलता ससि की रहि सब जग छाइ।
अगिनि ताप ह्वै हम कहँ सँचरत[1] आइ॥ 16॥

किष्किंधा कांड

कुजन[2] पाल गुन बर्जित अकुल[3] अनाथ।
कहहु कृपानिधि राउर[4] कस गुन गाथ॥ 17॥

सुंदर कांड

बिरह आगि उर ऊपर जब अधिकाइ।
ए अँखियाँ दोउ बैरिनि[5] देहिं बुझाइ॥ 18॥

अब जीवन कै है कपि आस न कोइ।
कनगुरिया[6] कै मुदरी[7] कंकन होइ॥ 19॥

सरद चाँदनी सँचरत चहुँ[8] दिसि आनि।
बिधुहिं[9] जोरि कर बिनवति[10] कुलगुरु जानि॥ 20॥

उत्तर कांड

पय[11] नहाय फल खाहु परिहरिय[12] आस।
सीय राम पद[13] सुमिरहु तुलसीदास॥ 21॥

संकट सोच बिमोचन[14] मंगल गेह।
तुलसी राम नाम पर करिय सनेह॥ 22॥

माय बाप गुरु स्वामि राम कर नाम।
तुलसी जेहि न सोहाइ[15] ताहि बिधि बाम[16]॥ 23॥

---

1. संचारित होता है 2. दुर्जन 3. कुलहीन 4. आपके 5. शत्रु, दुश्मन 6. कनिष्ठिका अँगुली 7. अँगूठी 8. चारों 9. चंद्रमा को 10. प्रार्थना करती हूँ 11. पयस्विनी नदी 12. छोड़ दो 13. चरण 14. नष्ट करना 15. अच्छा लगे 16. प्रतिकूल

दोस दुरित दुख दारिद दाहक[1] नाम।
सकल सुमंगल दायक तुलसी राम॥ 24॥

केहि[2] गिनती मह गिनती जस बन घास।
राम जपत भए तुलसी[3] तुलसीदास॥ 25॥

राम भरोस[4] नाम बल नाम सनेहु।
जनम जनम रघुनंदन तुलसी देहु॥ 26॥

जनम जनत जहँ जहँ तनु तुलसिहि देहु।
तहँ तहँ राम निबाहिब[5] नाथ सनेहहु॥ 27॥

❑❑❑

1. जला देने वाला 2. किस 3. सम्माननीय पत्ती 4. भरोसा, विश्वास 5. निर्वाह करें